彝族民俗的思政教育功能研究

安 静 著

线装书局出版社

图书在版编目（CIP）数据

彝族民俗的思政教育功能研究/安静著-北京：
线装书局，2024.5
ISBN 978-7-5120-6037-1

Ⅰ.①彝… Ⅱ.①安… Ⅲ.①彝族-少数民族风俗习
惯-思想政治教育-教育职能-研究Ⅳ.①D64

中国国家版本馆 CIP 数据核字（2024）第 068749 号

彝族民俗的思政教育功能研究
YIZU MINSU DE SIZHENG JIAOYU GONGNENG YANJIU

作　　者：安　静
责任编辑：李　琳
出版发行：线装书局
　　地　　址：北京市丰台区方庄日月天地大厦 B 座 17 层（100078）
　　电　　话：010-58077126（发行部）010-58076938（总编室）
　　网　　址：www. zgxzsj. com
经　　销：新华书店
印　　制：北京毅峰迅捷印刷有限公司
开　　本：787mm×1092mm 1/16
印　　张：10.25
字　　数：160 千字
版　　次：2025 年 3 月第 1 版第 1 次印刷
印　　数：0001—3000 册

线装书局官方微信

定　　价：58.00 元

传承民族民俗文化深化思政跨界研究

桂　翔

作为民族文化的民族民俗是各民族人民在生产活动和生活活动中创造和发展起来的，包括了一系列处理人与自然、人与人、人与社会等关系的风俗、风尚、习惯、习俗、礼仪、礼节等。民俗不仅是一个民族文化的重要组成部分，更是一个民族文化价值观的重要载体，它实际上是民族文化内在价值取向的外显形态。更重要的，不同民族的民俗还是不同民族思想政治教育的基本载体。

中国是个多民族国家，民俗资源异常丰富，特别是少数民族的民俗百花争艳，异彩纷呈。民族民俗的时代功能发掘和开发越来越受到重视，但多年以来人们更多的关注还停留于民俗的经济意义上，即所谓“文化搭台，经济唱戏”。安静同志独辟蹊径地尝试研究彝族民俗的思想政治教育功能，无论在民俗学意义上还是在思想政治教育学意义上都是一种创新性探索。

把思想政治教育功能与民俗联系起来研究是有内在根据的。实践地看，思想政治教育功能不仅内在于民俗之中，甚至可以说是民俗的本质性功能。一般认为，民俗的基本功能有教化功能、规范功能、整合功能、维系功能和调节功能，实际上民俗的这些功能可以归结为教化功能，或者说，其他功能都是通过教化功能实现的。因为一个民族文化的世界观、人生观、价值观、自然观等等，都内涵在方方面面的民俗之中。正是民俗对生产和生活活动的规范和导向，使民族人民日用而不自觉地接受民族文化的陶冶。这样民俗不仅以其特殊的功能和方式保证了一个民族和民族文化的同一性，也使一个民族和民族文化得以绵绵不绝地传承下来。正是在这个意义上，我们可以说，民俗与思想政治教育在功能上是一致的。

与一般意义上的思想政治教育相比，在方法论上，民俗的教化功能实现是有特殊性的。民俗的教化是直接建立在生活实践和生产实践上的，即上一代人通过生产活动和生活活动中的言传身教，潜移默化地把处理各种关系的规矩规范传给下一代，然后达到代代相传，代代相承，延绵不断。因此，在教化功能的实现路径上，如果说思想政治教育是通过内化的认识而达到外化行为的，那么，民俗的教化则是直接通过外在行为的规范而渐次达到内在的认同的。这正是民俗思想政治教育功能发挥的独到之处。

民俗的思政功能研究本身当然就具有重要的意义，但其更大的意义与其说在题中毋宁说在题外。这就是对于今天的思想政治教育来说，在民俗的思想政治教育功能的研究中我们学到了什么，我们能够借鉴什么，以提升今天的思想政治教育的实效性。我想，应该是把思想政治教育内容融于民族民俗之中，在实现思想政治教育的民俗化的同时，促进民俗的时代化。这一努力无论对于思想政治教育还是对于民俗文化都具有重要的历史和实践意义。一方面，赋予思想政治教育以民族的形式和民族的特色，对于促进少数民族人民的认同，提升少数民族思想政治教育的实效性无疑是重要的路径；另一方面，把思想政治教育贯穿于民俗之中，使民俗获得新的思想文化基础，克服民俗民族的地域的局限性，赋予其新的生命，实现时代性转化，亦即通过内涵上的移风易俗，从而使民俗能够得到更好地传承。而这正是中华优秀文化创新性转化和创造性发展的应有之义，我想这也是安静研究彝族民俗思政功能的根本目标。

彝族是我国民族大家庭中一个古老的民族，在其两千多年的发展历史中，不仅创造了具有独特魅力和深厚底蕴的彝族文化，形成了独特的丰富多彩的民俗民风，除了日常生活中待人接物的各种风俗礼仪，彝族文化中还有火把节、彝族年、祭山节、祭水节等民俗活动。追溯其源头，这些活动都承载着维系彝民族整体性和绵延性的教化功能。因此，它们既是研究民俗思想政治教育功能的丰厚富源，同时也彰显出彝族民俗的思想政治教育功能研究具有特殊的意义。

安静是彝族人，自幼即在彝族民俗的熏染中成长，对彝族民俗无疑有着更深切的感受，后来读思想政治教育专业博士研究生，打下了较好的思想政治教育理论功底，应当说，他研究彝族民俗的思想政治教育功能有着得天独厚的条件。当然，这一研究所要涉及的学识是很多的，不仅需要作者对彝族文化、彝族民俗有全面深入了解，还需要具备较厚实的文化学、历史学、民俗学、思想政治教育学等方面的素养。《彝族民俗的思政功能研究》是安静研究这个课题的初步成果，就其“初步”而言，本书所展示的成果还是难能可贵的。但也正因为“初步”，所以尚存在不少需要继续深入思考和完善的方面，比如，彝族民俗的历史流变尚需详实的梳理。民俗本质上是民族人民创造的整合、维系自身的智慧，这种智慧无疑会随着时代的变迁、生产方式的变革、生活方式的变化、民族交往的扩大等而变化的，了解这种变化会对于深化了解其思政功能是重要的。此外，彝族在我国分布较广，不同地域的彝族由于其所处的自然环境不同，与不同的民族相邻或聚居，民族民俗之间的相互濡染影响自然是不能忽略的。相信安静通过以后的研究和探索，一定会有更好的成果展现出来。

（作者系本书作者博士生导师、中国矿业大学（北京）马克思主义学院教授）

拓展研究领域推进彝学发展

——《彝族民俗的思政教育功能研究》序

王明贵

安静博士多年钻研的新成果《彝族民俗的思政教育功能研究》即将出版，这是他的第一部专著，是彝学研究与思想政治教育研究的一部佳作，可喜可贺！可喜者，这一成果拓展了彝学研究的新领域，扩展了学术研究的视野；可贺者，这一成果开掘了彝族民俗的新内涵，推动了思想政治教育研究向纵深发展。

民族民俗是一个民族文化的载体，承载着丰富的历史文化和民族精神。在中华民族丰富多彩的文化瑰宝中，彝族文化以其独特的魅力和深厚的底蕴，历来为世人所瞩目。彝族民俗作为彝族文化的重要组成部分，既承载着厚重的历史文化信息，又蕴含着丰富的思政教育内容，是开展思政教育的重要资源。《彝族民俗的思政功能研究》一书，正是基于对当前思政教育现状的深刻反思，以及对彝族民俗独特价值的深入挖掘，旨在揭示彝族民俗在思政教育中的独特功能和作用。这一研究不仅是对彝族文化的传承与弘扬，更是对思政教育内容与方法的创新与拓展。

彝族民俗作为彝族人民在长期生产生活实践中形成的智慧结晶，具有鲜明的民族特色和地域特征。火把节、彝族年、彝族歌舞、服饰等民俗活文化，都是彝族人民情感表达、精神寄托和价值追求的外化民俗样态。客观地看，这些民俗活动丰富了彝族人民的精神生活，在无形中传递着一种积极向上的价值观念和道德规范。作者通过对彝族民俗的深入探究，揭示了其蕴含的思政功能及其作用机制。这些功能不仅体现对享用该民俗群体道德品质的塑造和行为习惯的养成，更体现于对人们世界观、人生观和价值观的引导和涵养。而且，人们亲临参与彝族民俗活动，既能深刻感受到彝族文化的独特魅力，也能增强对民族文化的认同感和自豪感，从而迸发爱国爱民的情怀和担当精神。因此，本书无论是从研究内容，还是从研究方法上看，都具有一定的创新意蕴。

《彝族民俗的思政教育功能研究》有这样几个特色。首先，以交叉学科的视角选题，通过跨学科研究拓展出新的学术领域。彝族民俗是其研究的对象，而思政教育功能是其研究的目的，通过对彝族民俗的思政功能进行全面而深入的研究，挖掘出彝族民俗思政功能的当代价值。这种跨学科的研究方法为未来民族文化与思想政治教育学的研究提供了新的思路和方向。

其次，采用多学科的理论和方法，以多维视角观照研究对象，视域宽广。作者结合民俗学、文化学、哲学、教育学、心理学等多个学科的理论和方法，对彝族民俗进行了系统而深入的阐释，为我们提供一个全新的视野来审视和理解彝族文化及其思政功能，从不同的维度对传统民俗的进行新探索。

再次，以发展的眼光观察和分析彝族民俗的境遇，做出历时性归纳与共时性判断。通过对彝族历史发展中形成的民俗及其特点的归纳，分析其与思想政治教育功能的本质一致性，彝族民俗发挥教育功能的场域、路径及其在当下的境遇与变异，寻找实践路径、发展目标，以动态变化的眼光提出应对策略。

《彝族民俗的思政教育功能研究》具有多方面的价值。其一，拓展新的学术领域。彝族民俗千年传承不断，彝文古籍卷帙浩繁，其中的思想政治教育功能自古受到重视，但是把它们结合在一起进行实践总结和理论探讨，该书是第一个成果。据《爨文丛刻·治国论》记载，东汉光武皇帝时期，彝族阿纪君长，召集大臣伊佩徒忠义和什益咪阿佐共同讨论治国方略，两位大臣向阿纪君长提出要教育群众知道君民一体、君要爱民、民要护君等重要思想，这可能载诸史籍的最早的彝族思想政治教育的论述，这些思想在长期的教育实践中化为民俗，以致在生死存亡的关头，形成民众对君长“至死不背”信义。彝学博大精深，研究人员少、力量薄弱，许多新的领域都未及措手，思想政治教育结合民俗生动实践的研究，拓展出新的研究领域，这是一个具有勃勃生机的新的学术生长点。其二，民俗资料内涵深入开掘利用的价值。众多专家对彝族民俗资料的搜集整理，出版了不少著作，著名者如王昌富的《凉山彝族礼俗》等。对彝族民俗研究，有从饮食民俗切入者，有从婚姻礼俗切入者，有从丧葬仪式切入者，都取得了不俗的成果。思想政治教育在教育中占据极其重要的地位，如何结合各民族实际抓好这一教育，让受教育者乐于接受，便于实践，长期坚持，从各民族民俗史、民俗志资料中开掘丰富的史料进行融会贯通，梳理实践路径，提供理论指导，具有重要的理论和实践价值。《彝族民俗的思政教育功能研究》通过深入挖掘和利用彝族民俗中的思政教育资源，丰富了思政教育的内涵和形式，提高了思政教育的针对性和实效性。特别重要的是，彝族民俗中的价值观念和道德规范为我们提供宝贵的启示和借鉴，更好地引导人们树立正确的价值观念和理想道德情操。

其三，文化传承发展创新的现实意义。习近平总书记《在文化传承发展座谈会上的讲话》中指出，中华文明具有突出的连续性、创新性、统一性、和平性、包容性。要求要坚定文化自信、秉持包容开放、坚持守正创新。习总书记的重要论断为我们指明了文化传承发展应该坚持的原则与方向。在当前全球化背景下，文化多样性面临着前所未有的挑战。《彝族民俗的思政教育功能研究》的出版既是对彝族文化的一种保护和传承，更是对彝族文化的发扬和广大。“它山之石，可以攻玉”，本书不仅让我们更加全面深入地了解和认识了彝族文化的丰富内涵，而且为我们研究其他民族的文化提供了一个学习和借鉴的平台。优秀文化的传承发展重任在肩，良好的彝族民俗是中华文化的一个组成部分，通过研究彝族民俗的思政教育功能，发掘彝族民俗的精华及其价值，是弘扬优秀文化，创新发展路径的前提。对此，《彝族民俗的思政教育功能研究》梳理出彝族民俗思想政治教育功能的价值与作用、功能发挥的场域与内容、方法与路径等，这些在为当代文化传承发展服务的探索中有着重要的现实意义。

其四，推动民俗思政功能从自在濡化向自觉实践的转型。应该看到，在本书出版之前，彝族民俗思想政治教育功能的发挥，主要通过代际、人际之间的自在濡化获得，并且主要在民间交际、社会交流中自然发挥作用。本书的出版可以让读者特别是彝族读者自觉参照传统彝族民俗在当代的传承与变迁，认识其精华与糟粕并在，应该如何顺应历史发展与社会进步激浊扬清、去伪存真、扬长避短、传承创新，在自觉实践中获得人生发展的成功与精神境界的升华。

如何处理好本书中的理与据的关系，知与行的关系，作者作出了积极的探索和努力。在处理理与据的逻辑关系方面，由于研究对象所限，《彝族民俗的思政教育功能研究》是通过研究彝族民俗来论证其思想政治教育功能，研究对象具有单一性，因此在提出新观点之时，所用材料虽然丰富，却仅是一个民族的民俗。作者运用人类学的方法较好地处理了“理”与“据”之间的关系，力图突破限制，提出具有一定普遍意义的观点，其努力取得了实效，所言之理能够成立，这是成果取得成功的原因之一。在处理知与行的辩证关系方面，《彝族民俗的思政教育功能研究》梳理和总结出来的彝族民俗的思想政治教育功能，从知识生产的角度而言其任务已经完成，在实践方面提出了优化举措与开新途径，然则如何将知与行辩证统一起来，通过实践来使功能达成，化育新人，这是没有经过检验的行动。普通学校教育如何吸收这一新成果，或则社会教育如何参考这一新理论？作者完成了自己的思考，剩下的就是教育实践者的问题，留下的知与行如何辩证处理好关系，需要参与者共同努力，在实践中检验理论的信度与效度，寻求深化研究的空间，这一课题既在书中，也在书外。

最后，我要感谢作者为我们呈现了一部内容丰富、观点新颖的学术佳作。在此，我也希望广大读者通过阅读本书，从中汲取智慧、获得启迪，期待更多有志之士加入到这一研究领域中来，共同推动彝族民俗文化的深入研究和创造转化，携手推动民族文化的传承与发展，为构建更加和谐、美好的中华民族共同体贡献自己的力量。我相信，《彝族民俗的思政功能研究》一书的出版将在学术界和社会上产生良好影响，这不但为我们提供了一个了解彝族文化的视窗，而且为我们丰富了思政教育的内涵。让我们在习近平文化思想的指引下，继续致力于推动彝族文化的繁荣与发展，为实现中华民族的伟大复兴贡献智慧和力量。

（作者系贵州工程应用技术学院彝学研究院院长、二级研究员，贵州省核心专家、黔灵学者。）

PREFACE 前言

作为水西地区的彝族后裔，有幸见证和共享彝族民俗对人们的教育教化功能，尤其是历经本科、硕士学习之后发现，彝族民俗既是思想政治教育的资源，也是开展彝族思想政治教育有效方式。进入博士阶段的学习后，在导师桂翔教授的教导下，对彝族民俗思想政治教育功能的思考有了更深层次的思考，本书的选题就是读博期间苦研之果，既有彝族一般民俗功能的思考，更侧重于其在思政功能方面的研究。

我们知道，彝族是一个历史厚重悠久、文化源远流长的民族。彝族人民在长期生产生活实践中创造和传承发展的民俗文化，内化为凝聚民族精神、维护彝区稳定团结和繁荣发展的思想教育动力，汇聚成中华传统文化的重要支流，是当下开展思想政治教育的珍稀资源。彝族民俗在生产实践和生活活动中发挥了思想政治教育功能的作用，具有自身的特质和教育规律，反映了社会生产生活发展的基本要求，保障着社会生产生活活动有序发展，既发挥着彝族民俗的基本社会功能，也彰显出特殊的思想政治教育功能价值和作用。

彝族民俗在特定的关系场域中成为彝族人民自觉尊崇的思想和行为规范，蕴含着丰富的思想政治教育观念，全面渗透到彝族生产生活实践活动中，形成了发挥彝族民俗思想政治教育功能的独特内容、方法和路径，为有效开展思想政治教育提供了实践借鉴，丰富了民族思想政治教育内容和形式。随着社会历史的不断演进，彝族民俗受到现代多元化发展的不断撞击、思想政治教育内容和形式的多样化影响，彝族民俗在一定程度上难以继续以更好的空间发挥思想政治教育功能作用。

走进新时代，彝族民俗思想政治教育功能的优化与开新尤显迫切，应以社会主义核心价值观为引领，赋予彝族民俗符合时代发展的新内容，发挥彝族民俗的思想政治教育资源作用，实现思想政治教育民俗化、生活化的发展目标，施行有效发挥彝族民俗思想政治教育功能的发展策略，促进彝族民俗的思想政治教育功能与时俱进、返本开新。

基于此，将本书研究的主要内容概要如下：

第一部分主要论述彝族民俗思想政治教育功能研究的选题背景和研究的意义，分析国内外对民俗、思想政治教育功能、民俗与思想政治教育等的研究现状，提出研究的重难点及可能的创新等，明确研究思路，介绍主要采用的研究方法，为保障研究的有序进行提供基础支撑。

第二部分主要论述彝族民俗的源流与思想政治教育功能特性。基于彝族社会历史发展实际，系统梳理彝族民俗的概念、类别及特点，全面分析彝族民俗的职能与思想政治教育功能本质一致性，归纳总结彝族民俗作为思想政治教育方式的特性。

第三部分主要论述彝族民俗的思想政治教育功能价值与作用。总结提炼彝族民俗的一般社会功能，论证彝族民俗思想政治功能的实践价值，发掘彝族民俗特有的思想政治教育功能作用，拓展彝族民俗思想政治教育功能意义延伸。

第四部分主要论述彝族民俗思想政治教育功能发挥的关系领域和内容。首先是分析彝族民俗思想政治教育功能发挥的关系领域，其次是发掘彝族民俗蕴含的思想政治教育基本观念，再次是归纳总结彝族民俗思想政治教育功能的主要内容。

第五部分主要论述彝族民俗思想政治教育功能发挥的方法与路径。首先总结彝族民俗的思想政治教育方法，其次是分析彝族民俗思想政治教育活动领域，再次是梳理了彝族民俗思想政治教育功能发挥的路径。

第六部分主要论述彝族民俗思想政治教育功能的境遇与变异。从社会转型导致彝族民俗思想政治教育功能失去实践依托、教育体制的变革使彝族民俗思想政治教育功能萎缩、“文化搭台经济唱戏”导致彝族民俗的庸俗化等三个方面透视彝族民俗思想政治教育功能的生存境遇。

第七部分主要论述了彝族民俗思想政治教育功能的优化与开新。倡导坚持以社会主义核心价值观为引领，赋予彝族民俗符合时代发展的新内容，发挥彝族民俗的思想政治教育资源作用。提出实现思想政治教育民俗化、生活化的发展目标，施行有效发挥彝族民俗思想政治教育功能的发展策略，推进彝族民俗的思想政治教育功能与时俱进和创新发展的思考。

总之，基于民俗与思想政治教育学科交叉的视角，总结归纳彝族民俗思想政治教育功能是什么，在社会生产生活实践中发挥得怎样，面临社会嬗变发展的生存境遇如何，又怎么样优化与开新彝族民俗的思想政治教育功能，在实现中华民族伟大复兴的中国梦进程中释放出彝族民俗思想政治教育功能的磅礴之力。

作　者

2024 年 1 月

CONTENTS

目录

导 论

任何一项研究都是从选题开始的，选取彝族民俗思想政治教育功能研究是创新民族民俗思想政治教育研究的尝试，旨在发掘彝族民俗思想政治教育功能，总结彝族民俗思想政治教育功能的价值及作用、内容形式和方法路径，为少数民族思想政治教育提供实证，透视彝族民俗思想政治教育功能的发挥情况及生存境遇，充分运用其作为思想政治教育的资源，赋予新的时代内涵，推进彝族民俗思想政治教育功能的优化和开新，创新发展民族思想政治教育。因此，从论证彝族民俗思想政治教育功能研究选题背景和意义出发，分析国内外对民俗、思想政治教育功能、民俗与思想政治教育关系等的研究现状，明确研究思路，提出研究的重难点及可能的创新等，采取有效的研究方法，为保障研究有序进行筑牢基础。

一、选题缘起

（一）研究背景

民俗在一个国家和民族发展历史长河中一直发挥着特殊而重要的思想教育作用，尤其是少数民族民俗的思想政治教育功能殊为显著，对培育和弘扬民族的核心价值观具有重要作用。因此，研究彝族民俗的思想政治教育功能正是响应习近平号召“要利用各种时机和场合，形成有利于培育和弘扬社会主义核心价值观的生活情景和社会氛围，使核心价值观的影响像空气一样无所不在、无时不有”[①] 的努力。

1. 发掘彝族民俗思想政治教育功能

纵观历史，彝族民俗在彝族人民的历史和现实生产生活活动中无时不有、无处不

① 习近平．把培育和弘扬社会主义核心价值观作为凝魂聚气强基固本的基础工程［N］．光明日报，2014-02-26（1）．

在，在社会生活中一直发挥着维系民族团结、凝聚民族精神、教化民众生活、规范个体行动、培育道德情操、塑造社会人格等教育功能。作为本民族天然的思想政治教育活动，彝族民俗是维持生产生活活动得以延续的前提，是维护现实、引领人们前行的规范和秩序，更是彝族自觉遵循的规则，以其特有的思想教育功能潜移默化地塑造着彝民族的世界观、人生观、价值观、自然观，彝族民俗发挥教育功能的过程其实就是一个立体性、全方位的思想政治教育活动过程。

民俗与身俱来地伴随在一定地域和社会历史发展进程中。彝族民俗应彝族人民生产生活之需而产生并适应一定地域、本族人民和彝族社会生活之需而不断嬗变发展，是社会交往和社会实践的需要，浑然天成地具备言传身教、耳濡目染，春风化雨、润雨细物，内化于心、外化于行等的思想政治教育功用，具有由他律转向自律的特质，潜移默化地发挥思想政治教育功能，使人们在生产生活中自然入乡随俗、移风易俗。可以这样说，没有彝族人民的需要，彝族民俗就成为无源之水、无本之木，没有彝族生产生活活动实际需要，彝族民俗的创新和传承就难以延续，没有经济社会发展所提供的平台，彝族民俗就失去生存发展的空间。人类社会的初级阶段，茹毛饮血、穴居野处成为当时共同的民俗形式。彝族民俗同样如此，伴随着生产发展、生活丰富和社会进步，与物质生活密切相关的衣食住行等民俗日渐形成，社会组织民俗、信仰民俗、人生礼仪和岁时节日等民俗活动成为彝族人民共同创造和享用的生活文化空间——民俗。这里民俗的“民”指民间性，相对于国家的概念，有自己的民族个性、地域性、社会性，是普遍性与特殊性的统一，“俗”即为习俗、风俗，“风”就是正在吹着的风，具有熏染熏陶之意，系规矩、规范、习惯等等的意思。因此，今天发掘彝族民俗的思想政治教育功能，在培育和弘扬社会主义核心价值观实践中继承和创新彝族民俗文化，将彝族民俗作为思想政治教育的载体，利用社会主义核心价值观去丰富和纠正彝族民俗的内容，引导人们追崇高尚的道德和崇高的理想，夯实共筑中国梦的思想道德基础，是开展民族思想政治教育的有益探索。

2. 总结推广彝族民俗的思想政治教育功能

彝族民俗具有地域性和民族性，它的思想政治教育方式可以为一般的思想政治教育工作所吸收。同样的，彝族民俗虽然产生于彝民族以及彝民族的聚居地，带有一定的民族民俗和地域的狭隘性，但它也具有超越地域和民族的要素，其思想政治教育的理念、内容和方法等可以为我们开展思想政治教育所用，成为能够推广创新的思想政治教育经验。比如“化教为俗”的思想政治教育方式，就具有一般的方法论意义，就是将教育转化成为民俗活动，形成春风化雨般的教育形式。因此，彝族民俗思想政治教育功能是值得总结推广的。具体来看，第一，彝族民俗“教育什么样的人，怎样教育人”的理念与思想政治教育培育可靠的建设者和合格接班人的目标一致，都是为了培育合格健全的社会人。第二，彝族民俗的思想政治教育形式可以直接为我们所用，可以拓展思想政治教育路径和方法。第三，彝族民俗的有些内容在现有的表现方式上尽管带有地方性和民族性，具有一定的狭隘性因素，但是有些彝族民俗可以通过改造创新为现实服务，在时代发展中不断与时俱进，传承开新。

进而言之，对彝族思想政治教育的发掘也是对文化的发掘，是推动中国社会会主义文化繁荣发展的需要。《中共中央关于深化文化体制改革，推动社会主义文化大发展大繁荣若干重大问题的决定》指出，“在我国五千多年文明发展历程中，各族人民紧密团结、自强不息，共同创造出源远流长、博大精深的中华文化，为中华民族发展壮大提供了强大精神力量，为人类文明进步作出了不可磨灭的重大贡献”。② 因此，只有每个民族的文化繁荣发展，才会有中华文化的繁荣发展。作为中国民族大家庭的成员之一，彝族祭祀民俗、火把节、彝族年、向天坟葬俗、服饰、建筑、语言文字等在各种民俗活动中彰显出彝族民族民俗文化的特质，成为中华文化的组成部分，各类彝族民俗承载着彝族文化繁荣发展的使命。党的十九大报告指出：“文化是一个国家、一个民族的灵魂。文化兴国运兴，文化强民族强。没有高度的文化自信，没有文化的繁荣兴盛，就没有中华民族伟大复兴。”③ 彝族民俗是彝族文化自信的重要文化基础，已经伴随在彝族人民的生产生活活动中，成为彝族人民引以为傲的民俗文化，总结推广彝族民俗蕴含的思想政治教育功能，是推动社会主义文化繁荣发展的时代需要。

总结推广彝族民俗的思想政治教育功能，是增强民族文化自信和弘扬民族精神的需要。彝族的物质、社会和精神民俗等各类民俗事项深受人们的喜爱，彰显出厚重的民族文化意蕴，诞辰礼、成年礼、婚俗、葬俗、龙虎图腾崇拜、祖先崇拜、五色文化、服饰民俗等民俗活动增强了彝族人的仪式感。各类彝族民俗活动已经融入彝族人民的血脉和精魂，饮食民俗、服饰风俗、建筑民俗、信仰民俗、语言文字等已经成为彝族

---

② 中共中央．中共中央关于深化文化体制改革推动社会主义文化大发展大繁荣若干重大问题的决定［N］．人民日报，2011-10-26（1）．

③ 习近平．决胜全面建成小康社会夺取新时代中国特色社会主义伟大胜利——在中国共产党第十九次全国代表大会上的报告［M］．人民出版社，2017：41.

文化自觉自信的文化基因。在现实与历史交汇的路口翻阅彝族民俗，总结推广彝族民俗的思想政治教育功能，是增强民族文化自觉自信的自我需求。彝族物质、社会、精神民俗等历经岁月的洗濯，形成了底蕴深厚的民俗文化样式，是彝区人民共同的文化记忆，驱动彝族人在创造和发展彝族民俗的实践活动中具有长龙的灵动、雄鹰的睿智、虎王的霸气，还有群狼的团结精神，内化为彝族人勤劳善良、耿直豪迈、聪明干练、顾全大局的民族精神品格。基于此，总结推广彝族民俗的思想政治教育功能，是发挥彝族民俗增强民族认同、强化民族精神、塑造民族品格的现实需要。

3. 探索彝族民俗思想政治教育功能的规律

彝族民俗既具有教育教化的一般规律，通常在彝族民俗实践活动中体现出思想政治教育规律的独特性。彝族是中国 56 个民族中的一员，有着悠久厚重的历史、源远流长的文化，主要集中分布在滇川黔桂四省区和零星散居于世界各地，“六普”人口逾 870 万，列全国少数民族人口数的第 6 位。彝族人民在长期的生产和生活实践中创造了丰厚的民俗事项，成为凝聚民族精神，维护彝族聚居区稳定团结和繁荣发展的文化引领，既是中华文化的组成部分，也是珍稀的思想政治教育资源，是社会主义文化繁荣发展不可或缺的民族文化。彝族民俗历经岁月的沧海桑田和彝族聚居区人民的不断创造、取舍，仍然在当下活态传承和发展，成为彝族地区执政者和人民共享的重要文化资源。从吃穿住行等物质生产生活民俗，到人生礼仪、岁时节日等社会民俗，再到信仰民俗和口头语言、民间游艺等民俗，彝族民俗蕴含着教化、规范、维系、调节等功能，彝族民俗映射出人们真实的生活世界，反映了当地人民的世界观、人生观和价值观，浑然天成地与执政者的思想政治教育融为一体，天然具有思想政治教育的一般规律，是时下开展思想政治教育的有益借鉴和宝贵的资源。

彝族民俗历来受到国家高度重视，其中的一个重要因素就在于其承载有思想政治功能。彝族民俗是彝族文化的重要文化样式，是中国传统文化的重要家族成员之一，在历史发展的各个时期都受到国家的重视。据贵州大方出土的《济火纪功碑》载，三国时期贵州水西彝族首领济济火助诸葛亮七擒孟获而受封罗甸国君长，应证了《三国志》中“济火积粮通道，佐丞相擒孟获，命世为罗甸君长”的史实，从汉后主建兴三年（225）封贵州彝族阿哲支系世掌水西，到元明时期中央王朝在这里设置土司制度（公元 1698“改土归流”）的 1474 年间，充分体现了中央王朝尊重彝族民风民俗，由彝族土司执掌管理自己的传统。红军长征经过贵州黔西、大定、毕节、赫章时由于尊重当地彝族的民俗，5000 子弟加入了红军并成功消灭了当地的地主武装。进入四川后，红军与彝区首领小叶丹歃血结盟，大小凉山彝区人民将红军快速送出，避开了 3 天后抵达的追兵，改写了中国工农红军的历史，红军没有成为第二个石达开，演绎了彝区人民与党和国家和谐共处的佳话，红军长征 80 周年期间热播的电视剧《彝海结盟》即为国家弘扬彝族民俗文化的重要举措之一。建国后，彝族代表进京见毛主席，鉴于当时通用“夷族”的“夷”字系古代对少数民族的贬称，毛主席当即建议将“夷族”改为“彝族”，“彝”族意为上有房子住（彑）房之下有“米”有“丝”，即为有吃有穿，鼎立在天地之间，寓意繁荣发展。改革开放和社会主义现代化建设以来，党和国家高度重视文化建设，一批批彝族民俗走向世界。彝族民俗节日火把节、彝族年等，民间舞蹈彝族烟盒舞、铃铛舞、打歌、跳菜、左脚舞等，彝族传统戏剧撮泰吉、彝剧，彝族民俗工艺彝族漆器髹饰技艺、毛纺织及擀制技艺等数十项彝族民俗文化列为国家级非物质文化遗产，彝族民歌时下仍在生产和生活中为人们热传和共享，彝族祭祖、祭山习俗每年在云贵川等地均举行盛大活动，饮食、服饰、建筑、出生礼、成年礼、婚俗、葬俗至今仍在沿用，彝族聚居区每年到农历 6 月 24 日前后一周、农历 10 月 1 日前后 3 天载歌载舞过节，云南楚雄、红河，四川凉山，贵州毕节、六盘水等地重点打造彝族旅游文化品牌。2018 年 2 月 11 日，习近平深入大凉山腹地考察脱贫攻坚，走进彝族贫困家中，一边看事情、问冷暖、听心声，一边体察民风民俗，与群众围坐火塘，身披彝族村民代表敬献的“查尔瓦”服饰，一次次被此起彼伏的彝歌《留客歌》感动，发出了“让人民群众脱贫致富是共产党人始终不渝的风斗目标”的世界回响。目前，彝族民俗在经济、政治、文化、社会和生态文明“五位一体”建设中释放出民族文化的磅礴之力。

彝族民俗具有以文化人的思想政治教育功能。习近平多次强调，一个国家、一个民族的强盛，总是以文化兴盛作为支撑的，中华民族伟大复兴需要以中华文化发展繁荣为条件。在全国文艺工作座谈会上，习近平说：“阐释中华民族禀赋、中华民族特点、中华民族精神，以德服人、以文化人是其中很重要的一个方面。”④ 可见，以文化人在思想政治教育中具有重要作用，诚如《易经·贲卦彖辞》所言“观乎天文，以察时变；观乎人文，以化成天下。”习近平在哲学社会科学座谈会指出：“中华文明延续

④ 习近平．在全国文艺工作座谈会上的讲话［N］．人民日报，2015-10-15（1）．

着我们国家和民族的精神血脉，既需要薪火相传、代代守护，也需要与时俱进、推陈出新。要加强对中华优秀传统文化的挖掘和阐发，使中华民族最基本的文化基因与当代文化相适应、与现代社会相协调，把跨越时空、超越国界、富有永恒魅力、具有当代价值的文化精神弘扬起来。”⑤ 中华文明是中华民族共同缔造的，正如费孝通先生“中华民族多元一体格局”理论所论证的那样，中华民族是一个由56个民族单元组成的整体，是休戚与共、共同发展繁荣的共融关系，各民族文化多彩辉映，汇聚成中华文化的江河湖海，彝族民俗便是滔滔文化河流中的一条。彝族长期生活在祖国的大西南，一方水土铸就了一方民俗，将改造自然、征服自然的物质生产生活资料化成纷繁的民俗事项，形成了较有影响的祭祖祭祀、服饰饮食、火把节和彝族年、赛歌赛美、哭嫁婚俗、丧葬习俗、家支和土司制度习俗等具体的民俗文化事项，是彝族地区世代相传的道德规范和文化传统，外化为形式多样的民俗活动形式，潜移默化地指导和规范着人们自觉遵守本民族的风俗习惯，使大家在现实生活中自然而然培养健康向上的思想品格。彝族民俗是彝族人民在历史长河中积淀扬弃而成的文化财富，具有实用价值、文化价值、社会价值和经济价值，彰显出彝族独具特色的传统文化和风俗习惯，是培养彝族聚居区人民积极向上，促进文化自信自觉、维护国家认同、民族团结、社会稳定的文化基础，具有以文化人的思想政治教育功能。

毋庸置疑，彝族民俗包含了丰富的思想政治教育功能，是推进思想政治教育时效性的重要载体。有学者研究表明，思想政治教育的功能主要分为个体性功能和社会性功能，彝族民俗的思想政治教育功能同样具有这样的二重性。彝族民俗不仅对受教育者的个体生存、发展和传承自身的文化和生活产生教育教化的影响，而且彝族民俗在彝族聚居区当前的社会主义经济、政治、社会、文化、生态“五位一体”建设中发挥着重要的社会功能，该功能即为思想政治教育功能。因此，系统挖掘彝族民俗“日用而不知”的资源特质，总结彝族民俗体现出的思想政治教育功能，结合彝族现代社会生活转型发展实际，让思想政治教育从日常生活的民俗活动中吸收生活化的滋养，引导受教育者在辨风正俗、移风易俗的实践中塑造积极健康的思想行为方式，有效推进彝族民俗思想政治教育从认同转化为自觉的行为方式，实现民族民俗思想政治教育功能的最大化发挥，对于推进思想政治教育生活化、民间化和民俗化有重要的现实意义。

---

⑤ 习近平．在哲学社会科学工作座谈会上的讲话［N］．人民日报，2016-05-18（1）．

（二）研究意义

本文主要在理论和实践上有重要的意义和价值。

1. 理论意义

（1）有利于拓宽思想政治教育的领域

民族思想政治教育主要是执政集团对一定国家中的少数民族进行主流思想灌输的教育活动，包含了政治教育、思想教育、道德教育和心理教育等方面，对民俗思想政治教育功能所承载的文化教育研究仍然存在有待发掘的空间。中国多民族发展的实践告诉我们，每个民族都有自己的思想政治教育实践和经验，通过民俗来实现思想政治教育目标是民族思想政治教育的最佳方式之一。众所周知，我国的思想政治教育学经过30多年的发展，已成长为一门独立的学科。思想政治教育功能的研究已逐渐成为思想政治教育领域关注和探讨的一个重点，人们对思想政治教育功能的研究已拓展到文化学、传播学、文学甚至某一种具体的文化个案。然而在过去的思想政治教育实践中施行的往往是一种大众化教育，是面向多民族全方位、全过程育人的活动，对某一个民族民俗的思想政治教育功能研究涉及不多。因此，对彝族民俗的思想政治教育功能进行研究，不仅能将思想政治教育学科拓展延伸到民族思想政治教育研究领域，还能丰富和拓展思想政治教育学科的广度和深度，对思想政治教育学科的理论建设和实践具有一定的理论意义。

（2）有利于了解少数民族思想政治教育的路径

相对于一般的有意识、有目的、有组织的思想政治教育而言，彝族的思想政治教育是通过在生产生活实践中潜移默化去实践的，探索彝族民俗思想政治教育的路径有利于我们了解其思想政治教育的方式方法。民俗是彝族人民长久沿袭并普遍遵从的行为规范，以其特有的思想政治教育路径让人们自觉和不自觉地遵循，不仅是本民族思想政治教育得以产生和发展的物质载体，还是思想政治教育现实存在的形态。彝族民俗在日常生活中发挥了思想政治教育功能，既包括了自我教育方法，也包括学习榜样等方法，在长期社会生产生活中形成了言传身教、示范模仿、以诚施教、环境感染、礼仪熏陶等思想政治教育方法，探索出了从服从到认知、从行为到思想、从自发到自觉、从接受到创新、从受教者到施教者等有效实施思想政治教育的路径。总结梳理彝族民俗的思想政治教育的方法和路径，对深化今天的民族思想政治教育路径有一定的启示意义。

（3）有利于丰富少数民族思想政治教育史的研究

思想政治教育史是思想政治教育学科的重要内容之一，彝民族的思想政治教育也是中华民族思想政治教育的重要组成部分。在没有文字的时代，往往是通过口头语言和行为方式来开展思想道德教育，日常生活中的各种行为慢慢演变成一种习惯和习俗，约束和指导人们的生产生活，成为共同遵守的民俗思想政治教育形式。彝族民俗在彝族人民长期的生产生活实践活动中形成了稳定的思想政治教育内容，呈现出了生产生活规范教育、思想政治生活中的规范教育、待人接物规范教育、邻里相处规范教育、婚丧嫁娶规范教育、节日庆典规范教育、敬重自然规范教育等为主要内容的思想政治教育活动，其包含的世界观、人生观、人际观、自然观均能够作为有效加强民众思想政治教育的内涵资源。因此，总结彝族民俗思想政治教育功能的特点、内容、方法和路径，对丰富少数民族民族思想政治教育史具有一定的理论意义。

2. 实践意义

（1）彝族民俗思想政治教育实践研究为民俗思想政治教育实践提供借鉴

彝族民俗在发挥思想政治教育功能时自然表现为一种实践教育活动。彝族民俗是彝族人民共同创造并享用的文化生活空间，在生产力低下和文化不够发达的传统社会，彝族民俗对民族的发展和社会的稳定发挥了重要作用，彝族民俗成为思想政治教育的社会实践，促进了彝族人民在社会生活中从行为逐步走向认同。思想政治教育的目的就是要让社会成员形成符合国家所需要的思想品德和行为规范，思想政治教育总是先形成某一种要求，再让社会大众去接受和认同、实践，思想政治教育是从认同走向行为表现的过程。正是从这个意义上说，彝族民俗和思想政治教育是相反的，彝族民俗是行为→认同→行为，思想政治教育是认同→行为→认同。彝族民俗是民间，相对于官方的，思想政治教育是官方的，是相对于民间的；彝族民俗是从内到外、从下到上的灌输，思想政治教育是从外到内，从上到下的灌输。探究彝族民俗思想政治教育的实践，就是了解彝族怎样在生产生活实践中通过民俗来开展思想政治教育工作的情况，总结彝族民俗思想政治教育功能的特点和方法及路径。通过开展一个具体民族的思想政治教育个案研究，对在多民族国家开展思想政治教育工作实践提供有益借鉴，汇聚成强大的民族思想政治教育合力。

（2）彝族民俗思想政治教育功能研究将加强彝族思想政治教育的针对性

现代是多元化时代，传统思想政治教育方式方虽然有它的效果，但仍然不同程度受到这种多元化和各种思潮的冲击。因此，创新思想政治教育的方式方法是目前思想政治教育工作的重要挑战，吸收少数民族民俗的思想政治教育功能是当前开展思想政治教育工作的路径之一，彝族民俗有针对性的思想政治教育方法自然成为时下开展思想政治教育的借鉴。彝族民俗以各种活动实体吸引人们参与体验，以其“润雨细无声”的无形力量维护社会稳定，培育文明风尚，塑造民族精神品格，是彝族人民共同遵循的思想政治教育形式。可以借鉴彝族民俗思想教育的方法，把握受教育者的关注和需求，在民俗活动中注入思想政治教育的内容，使思想政治教育内容“平民化”“草根化”，加强思想政治教育的针对性。当前，中华民族伟大复兴的中国梦是各民族的共同追求，伟大的梦想需要伟大的精神，需要通过民俗这一思想政治教育工作的实践来提供强大的价值引导力、文化凝聚力、精神推动力，增强思想政治教育的亲和力和民俗化，共同构筑各民族的精神家园。因此，对彝族民俗思想政治教育功能的探究有利于深化民族思想政治教育内容和形式，一方面可以借鉴彝族民俗的思想政治教育方式方法，另一方面可以用思想政治教育去丰富彝族民俗的内容，推进思想政治教育民俗化，激发像彝族一样的各少数民族增强国家意识、民族意识、核心意识，为实现全面小康和中国梦释放出民族思想政治教育的活力。

（3）“化教为俗”的思想政治教育路径研究能提高思想政治教育的实效性

彝族民俗思想政治教育的主要路径就是“化教为俗”，将对彝族人民开展教育教化的内容转化在民俗活动中，让彝族民众在传承和弘扬民俗文化的过程中自然受到教育。彝族民俗和思想政治教育在教育人、引导人上目标一致、使命相同，具有某种功能的同一性。思想政治教育以积极健康的核心价值观念导向引领彝族民俗发展，彝族民俗为思想政治教育提供鲜活的内容和方式，可以促进思想政治教育的民俗化，借鉴彝族民俗文化增强思想政治教育的实效性。彝族民俗具有宝贵的思想政治教育资源价值，依托彝族民俗开展思想政治教育实践探索，在思想政治教育方法上大胆借鉴彝族民俗互动参与、自由灵活的特点，改变“填鸭式”的思想政治教育，能有效避免思想政治教育活动单调枯燥的教育形式，推进彝族民俗与思想政治教育的有机融合，化教为俗，实现思想政治教育的生活化、民俗化，能更好地提高思想政治教育的实效性。

二、文献综述

本文的文献使用方法主要是三个途径：一是自身作为贵州水西彝族后裔，收集有《爨文丛刻》《彝族源流》《西南彝志》等彝文古籍，同时充分运用毕节彝族聚居区彝学研究的资源，既可到毕节市彝文文献翻译中心共享文献资源，也可深入到布摩家族去查阅彝文古籍，还可直接到所生活的彝族村寨作田野调研。二是运用信息化手段查询文献，利用中国知网《中国学术期刊检索系统》获取相关文章，同时使用百度、谷歌等现代主要搜索引擎查询与本文相关的信息资源。三是通过图书馆和自己收藏的资料来获得与研究相关的资料。通过图书馆和贵州工程应用技术学院彝族文化博物馆等馆藏资源查询民俗、思想政治教育和思想政治教育功能等的文献资料，合理运用好自己收藏与民俗、思想政治教育、马克思主义哲学等学科相关的书籍。在 CNKI 学术文献总库检索的高级检索界面输入“思想政治教育功能研究”主题词，有硕博论文及各类文章 185 条，再按照思想政治教育学科搜查，涉及到民俗文化的仅有 3 篇文章；输入“民俗功能”有 145 条，其中文化学科 31 条，民族学科 15 条，直接研究彝族民俗功能的有 2 条。从搜集资料来的过程来看，专门研究民俗的专著、文献、论文林林总总，不一而足，专门研究思想政治教育的著作、文献、论文汗牛充栋，将民俗文化与思想政治教育相结合研究的成果却很少，即便是放大到中国传统文化与思想政治教育的研究，目前也仅仅查到 3 部。幸运的是看见了陈来先生在《人民日报》《光明日报》上发表了一系列传统文化与思想政治教育的文章，对本研究启发不小。从民族学和思想政治教育交叉学科的视野研究单一民族民俗的思想政治教育的文献和论文亦不多见，专门研究某一民族民俗思想政治教育功能的专著尚未查询到。因此，本研究的文献分析只能从民俗、思想政治教育本身的概念层面去梳理，并就目前能查到的关于二者结合研究成果进行综述，以期对本文提供一定的文献基础支撑。

（一）关于民俗的概念及产生

民俗是人们创造和享用的生活文化空间，相伴相生于人们的生产生活活动的过程中。马克思曾指出“我们首先应当确定一切人类生存的第一个前提，也就是一切历史的第一个前提，这个前提是：人们为了能够‘创造历史’，必须能够生活。但是为了生活，首先就需要吃喝住穿以及其他一些东西。因此第一个历史活动就是生产满足这些需要的资料，即生产物质生活本身。”⑥ 可以这样说，民俗是伴随生产生活而产生，是维系民族发展的物质和精神资料，没有人们对民俗的需要，民俗就不会产生，没有社会生产生活的需要，民俗也不会发展。

民俗的产生和发展融注着群体力量的创造智慧。从民俗诞生的角度来看，有可能是某个人最先采用，但要以民俗文化形式传承下来，还需群体在行动上的响应与配合，这些都体现了民俗文化的集体特征。当民俗成为一种约定俗成的生活模式被广泛传播时，不同群体或个人在传承过程中，不可避免地融入对民俗的不同理解。经过不断加工、完善，不断加入新的表现元素，民俗文化从结构到内容都得到了丰富和完善，使得民俗从最初的简单情节被逐渐细化、美化、艺术化，表现形式更丰富，流传更广泛。⑦ 民俗是人类亘古以来在社会历史发展过程中集成、流变、传播和渗透于民众集体意识的物化与非物化文化生活空间，集中反映了民众的思维方式、伦理道德、价值观念、行为规范、风俗习惯、审美理想等的现实存在，是一个民族文化的综合呈现，融注着民族的文化精魂，作为一种特有的文化形式，是民族的精神家园和血脉，是思想政治教育的源头活水，对思想政治教育有着重要的资源价值意义。

民俗概念的发轫是近代才明确提出的。近代“民俗”一词为“舶来品”，由英国学者汤姆斯（W·J·Toms）将英文“Folk”和“Lore”两个单词组合而成“Folklore”，基本的意思可理解为“关于民众知识的科学”，这是目前最早从科学的角度诠释民俗的概念，为世界上许多研究民俗的学者所认同，也成为国际上通用人类学学科名词。在《大英百科全书》将民俗定义为：“普通民众始终保存的，未受当代知识和宗教影响的、以片段的、变动的或较为稳固的形式继续存在至今的传统信仰、迷信、生活方式、习惯及仪式的总称。民间故事、传统歌谣、谚语及起初被排斥在外的物质文化的某些方面也属其范围”。⑧ 而功能学派的奠基者和代表性人物马林诺夫斯基曾经对民俗做过系统的论述，认为民俗是一种行为规范，以其特有的文化力量规范着人们日常行为规范符合大众的标准。⑨ 国外对于民俗的研究的专家和专著较多，不一而足。而这里所呈现的仅仅为民俗的基本概念，从中可以看出国外研究民俗的概念经历了从

⑥ 马克思，恩格斯．马克思主义经典著作选编［M］．北京：党建读物出版社，2011：9.

⑦ 安静．民俗文化的德育意蕴［J］．人民论坛，2018（3）：46.

⑧ 张芙华．民俗与思想道德建设的几点思考［J］．湖南文理学院院报，2009（1）：38.

⑨ ［英］马林诺夫斯基著，费孝通等译．文化论［M］．北京：中国民间文艺出版社，1987：90.

现象到学科的发展阶段。初期侧重于收集民间口头创作，中期对民俗的基本理论进行建构与探索，后期侧重于民俗与其它学科的融合研究，推动了民俗学科逐步向科学化迈进。

民俗是生活的一种行为状态，体现了人类对生活最原始的认知，凝结着人们对美好生活的向往和追究，要认识一个民族及其文化，民俗是最好的一扇视窗。民俗作为一种文化概念，历史悠久、源远流长，古代有“风”“风俗”“民风”“习俗”“民俗”的提法。自《诗经》时代起，我国已经开始兴起了采风民间民俗的活动，有了“风以动之，教已化之”之说，民俗逐渐作为政治和文化的借鉴而在知识分子中传承。到了周代，民俗进一步受到民间和官方的重视，《礼记》中记载“民生其间者异俗”指出了风俗与认识及礼、政、教的关联性与不同。许多古代文献已经正式有了民俗的概念，《管子·正世》：“古之欲正世调天下者，必先观国政，料事务，察民俗，本治乱之所生，知得失之所在，然后从事。”[⑩]《荀子·强国篇》：“入境，观其民俗。”[⑪] 在《汉书》中，“民俗”“风俗”“习俗”等词汇大量反复出现并交互使用，这成为当时比较普遍的现象[⑫]。《说文解字·人部》：“俗，习也，从人谷声。”[⑬] 这些传统经典上所记载的“民俗”内涵指的都是民俗活动本身，只是将民俗作为一种社会文化现象，并未将民俗上升为一种较为自觉的学科理论高度，也未能将民俗作为一种学问来进行研究。

我国学术界将民俗作为一门学科肇启于近代，“民俗”一词的概念诞生于北大“歌谣学运动”，一批接受西方文化的知识分子对民间的知识有了科学的认识，在刘半农、沈尹默、胡适等的倡导和发起下，创办了《歌谣》周刊，在发刊词中明确指出了歌谣学会的两个目的：“一是学术的，一是文艺的，”强调了“民俗学的研究在先进的中国确是很重要的一件事情。”这是在近代意义上正式提出民俗学的概念最早蓝本，直至 1927 年中山大学创办《民俗周刊》后，民俗学作为一个学术名词才被中国学界公认，民俗学也在林语堂、顾颉刚、周作人等先贤的努力中逐渐成长为一门学科。许多学者对民俗的内涵做了学术上的界定，被誉为中国民俗学之父的钟敬文认为：“民俗，即民间风俗，指一个国家或民族中广大民众所创造、享用和传承的生活文化”。[⑭]

---

⑩ 黎翔凤．管子校注（中）［M］．北京：中华书局，2004：919.
⑪ 安济民注译．荀子［M］．郑州：中州古籍出版社，2006：261.
⑫ 周青民．东北现代文学与民俗文化［D］．长春：吉林大学文学院，2015：19.
⑬ 许慎撰，徐铉校定．说文解字［M］．北京：中华书局，1963 年：165 页．
⑭ 钟敬文．民俗学概论（第二版）［M］．北京：高等教育出版社，2010：3.

乌丙安教授认为，民俗是指长期相沿积久而成的风尚、习俗。

（二）关于民俗和思想政治教育功能

“功能”（Fuocion）一词，在英语中表示事物本身具有的机能。民俗功能内涵笃厚，我们认为，思想政治教育功能是其最基本的重要功能之一，通过教育教化维系民族和谐和社会的进步。习近平在北京大学师生座谈会上指出：“中华优秀传统文化已经成为中华民族的基因，植根在中国人内心，潜移默化影响着中国人的思想方式和行为方式。”⑮ 彝族民俗作为中华优秀传统文化的组成部分，为彝族共同创造、传承并亲历体验，指导和规范着彝族民众的思想道德和行为，具有独特的思想政治教育功能。

凡是文化都具有一定的功用性，作为民族文化的重要文化样式，民俗文化有着特殊的社会功能，而这个功能指的就是蕴藏在民俗活动中的各种教育教化功能。国内外研究成果曾立足不同的视角对民俗和彝族民俗的功能进行了探讨，《国际社会科学百科全书》将民俗的功能总结为七种：即娱乐、教育、社会控制、社会心理消释、社会权威、保持文化连续性和政治用途。而《简明不列颠百科全书》则归纳为五种：逃避现实、解释起源、维护社会制变、社会控制和教育。⑯ 国内对民俗的功能论述以钟敬文、乌丙安、陶立璠等为代表，钟敬文认为民俗有教化、规范、维系、调节四种社会功能。⑰ 陶立璠在其所著的《民俗学》中将民俗的功能概括为历史、教育和娱乐功能。⑱ 对于彝族民俗功能的论述，在彝族文献《西南彝志》《爨文丛刻》《宇宙人文论》《玛木特依》《投确数》《宇宙生化论》等彝文古籍中都曾有大量的篇幅论及彝族是一个重礼俗的民族，通过各种礼俗活动来指导人们的日常行为规范。《乌撒彝族礼俗》中介绍了生育礼仪、婚嫁礼仪、丧葬礼仪、节日礼仪等民俗事象，这些民俗在规范行为、引领思想、塑造人格等方面发挥了重要的思想政治教育功能。⑲ 彝族学者王昌富在《凉山彝族礼俗》一书中以翔实的一手田野对大小凉山的衣食住行、生活礼仪、岁时节日、生产交易、天文历法、宗教信仰、语言文字、民间艺术、哲学伦理等

---

⑮ 习近平．青年要自觉践行社会主义核心价值观与祖国和人民同行努力创造精彩人生［N］．人民日报，2014-05-5（1）．

⑯ 陈建宪．试论民俗的功能［J］．民俗研究，1993（2）：6.

⑰ 钟敬文主编．民俗学概论（第二版）［M］．北京：高等教育出版社，2013：22.

⑱ 陶立璠．民俗学［M］．北京：中央民族学院出版社，1987：49.

⑲ 禄志义主编．乌撒彝族礼俗［M］．贵阳：贵州民俗出版社，2012：1.

各种民俗事项作了全面的论述，从社会学、民族学、哲学等学科视角揭示了彝族民俗蕴含的文化意义和社会功能[20]。同样，彝族学者李兴秀在《贵州西部彝族礼俗研究》中对贵州西部彝族的服饰、饮食等物质民俗、人生礼仪民俗、岁时节日民俗和信仰民俗等方面作了全面的梳理和归纳，指出了彝族民俗对于人们思想观念、道德情操、行为规范、审美理念、处事态度等的思想政治教育功能[21]。

思想政治教育是人类社会不同阶段和不同阶级共有的社会性活动，自人类进入文明社会以来，各种文化的行为方式就是思想政治教育的具体体现。彝族民俗本来就是政治生活乃至社会生活内在的规定性之一，彝族在生产生活活动的实践中发挥功能表明，民俗事项所呈现的教育教化内容即为思想政治教育的具体实践。学界对于思想政治教育概念有不同观点，但陈万柏、张耀灿在《思想政治教育学原理》中的界定为大多数所认可，即“指社会或社会群体用一定的思想观念、政治观念、道德规范对其社会成员施加有目的、有计划、有组织的影响，使他们符合一定社会所需要的思想品德的社会实践活动。”[22] 通过包含民俗等各种形式灌输思想观念、风尚习俗、人生礼仪、道德品格，影响社会成员，使人们的行为规范和思想道德符合一定社会、民族、国家的要求。在新时代，思想政治教育的目的就是为了让广大民众践行社会主义核心价值观，树立良好的道德品行，拥护和发展中国特色社会主义，增强“四个意识”，坚定“四个自信”，激励民众为实现中华民族伟大复兴的中国梦不懈奋斗。本文正是在这一语境中使用我国特有的思想政治教育功能概念，即为思想教育的作用和价值，指的是开展思想政治教育过程中所发挥的效能与作用，而这样的思想政治教育功能与彝族民俗所蕴含的功能及价值有着内涵和形式方面的一致性。

毫不讳言，民俗是民族的血脉和精神家园，是推动民族文化自觉自信的软实力。约瑟夫·奈认为：一个国家的综合国力既包括由经济、科技、军事实力等表现出来的“硬实力”，也包括以文化和意识形态吸引力体现出来的“软实力”。[23] 民俗文化软实力必将在国家“五位一体”的战略发展中发挥思想政治教育的作用。党的十八大报告

⑳ 王昌富．凉山彝族礼俗［M］．成都：四川民族出版社，1994：2.

㉑ 李兴秀编著．贵州西部彝族礼俗研究［M］．贵阳：贵州民族出版社，2009：2.

㉒ 陈万柏，张耀灿．思想政治教育学原理［M］．北京：高等教育出版社，2007：4.

㉓ （美）约瑟夫•奈．美国定能领导世界吗［M］．北京：军事译文出版社，1992：26.

指出："文化是民族的血脉，是人民的精神家园"。[24] 习近平强调，提高国家文化软实力，关系"两个一百年"奋斗目标和中华民族伟大复兴中国梦的实现。[25] 发掘民族民俗的思想政治教育功能，释放出民俗思想政治教育功能在社会主义文化繁荣发展和经济建设中的潜力。

（三）关于民俗与思想政治教育的关系

根据目前力所能及查阅的资料，多为传统文化与思想政治教育方面关系的论述，对于民俗与思想政治教育关系的著作、论文及相关论述还不多。胡适先生曾提出，要充分吸收各种文化来提升思想境界，他说："……无论什么文化，凡可以使我们起死回生，返老还童的，都可以充分采用，都应该充分收受。"[26] 针对存在形态，高丙中认为，"民俗具有两种存在形态：文化的和生活的。也就是民俗文化和民俗生活"。[27] 民俗风俗类型多元，是开展思想政治教育的重要资源，[28] 杜淳认为，民俗是宝贵的思想政治教育资源，民俗生活丰富了思想政治教育的内容和形式，为开展思想政治教育工作实践提供了诸多选择路径和方法。一是民俗生活可以丰富和深化思想政治教育研究；二是民俗生活为思想政治教育的有效性和针对性提供现实基础；三是民俗生活为思想政治教育提供方法借鉴。[29] 田珺在其硕士论文《论湘西少数民族优良民俗的思想政治功能》中探讨并梳理了该地域少数民族的思想政治教育功能，立足于学科交叉的视野提炼了民俗的一般基本功能，归纳总结了少数民族民俗特殊的思想政治教育功能，结合国家开展民族思想政治教育工作的现实，提出了发挥少数民族民俗思想政治教育功能的对策性建议和思考。[30] 梁利在《民俗在教育教学中的借鉴意义》一文中总结考察了民俗的基本功能，分析了当前高等教育思想政治教育专业的教学活动开展情况，从学理和实践的视野对民俗文化与思想政治教育教学的关系进行了全面的论证，

㉔ 胡锦涛．坚定不移沿着中国特色社会主义道路前进为全面建成小康社会而奋斗［M］．人民出版社，2012：25.

㉕ 习近平．让我们的文化软实力硬起来［J］．瞭望，2014（1）：12.

㉖ 葛懋春、李兴芝．胡适哲学思想资料选（上）［M］．上海：华东师范大学出版社，1981：344.

㉗ 高丙中．民俗文化与民俗生活［M］．北京：中国社会科学出版社，1994：86.

㉘ 曲洪志．我国传统文化是思想政治教育的重要资源［J］．山东社会科学，2006（4）：152.

㉙ 杜淳．从零和到共赢：民俗与思想政治教育的博弈［J］．北京：北京社会科学，2015（12）：118.

㉚ 田珺．论湘西少数民族优良民俗的思想政治教育功能［D］．长沙：中南大学马克思主义学院，2010：29.

提出了民俗的价值功能对于思想政治教育教学的借鉴意义和实践价值[31]。夏静在《内蒙古优秀民俗的思想政治教育功能》一文中认为，内蒙古优秀民俗具有强大的思想政治教育功能，蕴含民族精神和文化价值；作为思想政治教育宝贵资源的重要组成部分，内蒙古优秀民俗提供了活素材，论述了思想政治教育对传承民俗所起的推动作用，二者相互融合将产生良性循环互动的效果。[32] 这些学者的论述为研究彝族民俗思想政治教育功能做出了有益的探讨，提供了可供参考借鉴的文献基础。

（四）研究述评

彝族民俗的思想政治教育具有文化个性、民族和地域的特殊性，也具有对民众教育教化的内容、方法和路径。借鉴彝族民俗思想政治教育的方式，不断赋予彝族民俗新的时代内容，是值得探讨的一个时代命题。可喜的是，当前民族民俗的思想政治教育功能研究已经引起了思想政治教育界的关注，在一些报刊论文中已经有专题研究，个别著作和硕士、博士论文也从不同的学科视角论及，一些网络中对民族民俗的思想政治教育功能也做了一定的介绍，少数研究者立足不同视野探讨了某一个民族民俗的思想政治教育功能，并取得了零星的研究成果，为本文开展研究打下了一定的基础。但从总体上看，由于民族民俗的特殊性，深谙各民族民俗文化者不多，要将民俗与思想政治教育深度结合研究更是难上加难，导致已有的研究不成体系，特别是彝族民俗思想政治教育功能的研究还有进一步拓展的广阔空间。

一是要强化对彝族民俗的思想政治教育功能研究。一直以来，思想政治教育研究领域对少数民族民俗功能的探讨涉猎不多，这已经为目前所查阅到的国内和国外文献较少的情况所证实。国外的研究主要是从理论的层面去研究和探讨民俗的内涵和基本功能，国内的研究多为探究民俗的社会功能。而对于民族思想政治教育功能的研究除了有几篇硕士论文专门论述外，针对少数民族思想政治教育功能研究的高水平论文还是较少。而值得指出的是，本研究中所涉及的基础理论主要有相关研究著作中对思想政治教育功能的论述，思想政治教育学基本原理，民俗学领域对民俗教育功能的基本理论阐释，习近平对中国传统文化作用的系列论述，彝族古籍文献资料以及现有研究

㉛ 梁利．民俗在教育教学中的借鉴意义［J］．广西民族师范学院学报，2011（6）：119.

㉜ 夏静．内蒙古优秀民俗的思想政治教育功能［D］．天津：天津大学马克思主义学院，2016：26.

彝族民俗的专著及论文中对彝族民俗功能的记载和讨论。而这些前期的研究成果并未将彝族民俗与思想政治教育结合进行研究，也没有对彝族民俗思想政治教育功能进行系统梳理。因此，本研究是一个开创性的尝试，能进一步强化对少数民族思想政治教育功能研究提供有益参考的个案。

二是需要进一步强化学科交叉意识研究彝族民俗的思想政治教育功能。目前运用交叉学科思维并站在不同的学科视角对思想政治教育开展研究不失为研究的创新与尝试，而从已有的研究成果来看，对于民族民俗思想政治教育功能研究还未形成一个内容凸显的研究方向。思想政治教育学领域在这方面的研究和讨论深入，还未达成对民俗思想教育功能的明确共识。根据所查到的文献资料显示，专门研究思想政治教育功能、民俗社会功能的文章较多，而将二者结合研究的成果呈现较少，从交叉学科的角度去研究民俗思想政治教育功能更为鲜见。学科交叉是学术研究创新的一种方法，这种方法迫切需要在下一步的研究中提高彝族民俗与思想政治教育研究的学科交融意识，更好地推动该研究向纵深发展。

三是需要进一步拓展研究彝族民俗思想政治教育功能的广度和深度。目前，民族民俗与思想政治教育研究内容的深度不够，有待于进一步深化。已有的研究成果在民俗与思想政治教育融合的理论、方法讨论不多，对某一具体民族民俗思想政治教育功能的挖掘不够，还没有对民族民俗思想政治教育过程中的运用原则问题、内容方法及路径等方面进行有创意的重点研究，比如，力求把一个问题说清楚、讲透彻，层层递进，各个击破，不宜贪大求全。以中国知网上搜索到的论文为例分析，泛论、空论、重复论述的比例较大，有的选题较大，与实践结合还有讨论的空间，而且论文论述内容雷同，观点相似，颇具深度的见解仍需进一步挖掘。民俗与思想政治教育研究内容的广度也不够，研究者们对民俗的内涵、特点、功能、民俗蕴含思想政治教育功能等也未能做系统的探究。

根据上述文献分析整理，本文主要基于民俗学与思想政治教育的研究视阈，运用思想政治教育的基本理论与方法，围绕彝族民俗思想政治教育功能这一主线，从彝族社会历史及彝族民俗的基本内涵展开探讨，归纳彝族民俗的类别及特点，分析彝族民俗的教育职能与思想政治教育的一致性，总结提炼彝族民俗思想政治教育功能特性、价值及作用，彝族民俗思想政治教育功能发挥的关系场域与内容、方法与路径，透视彝族民俗在社会生活嬗变中发挥思想政治教育功能的境遇，探索彝族民俗思想政治教育功能创新发展的路径与方法，以社会主义核心价值观作为引领，赋予彝族民俗新的时代内容，充分发挥彝族民俗的思想政治教育功能，推动民族思想政治教育工作的民俗化、民间化和生活化。

三、重难点及创新点

（一）重难点

重点是研究彝族民俗的思想政治教育功能。界定内涵是研究的基础条件，而学界对民俗思想政治教育功能内涵科学化、系统化的论述不多，且存在空泛或窄化现象。由于宽泛宏观的界定民俗的功能，在目前的多数研究中往往将民俗的功能等同于思想政治教育功能，未能系统在民俗活动事项中去全面发掘其蕴含的思想政治教育功能，难于更好地凸显民俗思想政治教育功能的实践价值和理论价值。正因为如此，本文试图在民俗与思想政治教育学科交叉中对彝族民俗的思想政治教育功能内涵进行准确定位和全新阐释，以彝族民俗思想政治教育实践为例，提出民族民俗的思想政治教育功能在体现国家和民族意识形态、弘扬主流价值观、引领积极生活、培育高尚人格的价值和意义。

难点是如何在当下探索发挥彝族民俗思想政治教育功能的路径和方法。在开展思想政治教育工作的实践中为彝族民俗注入新的时代主旋律，融入社会主义核心价值观，开拓思想政治教育民俗化、民间化、生活化的路径，真正实现入乡随俗、移风易俗，从而建立符合当代彝族聚居区的公序良俗，为构筑中国梦释放出彝族民俗思想政治教育功能的强大正能量。

（二）创新点

第一，研究视野的创新。立足于民族民俗思想政治教育的视角，系统将彝族民俗的思想政治教育功能作为思想政治教育学科领域的一个问题来研究，推动了该学科向民族思想政治教育纵深发展，在选题上来说具有一定的创新视野。

第二，研究内容的创新。研究的观点正确，内容丰富，有一定的创新性。一是从生活活动、生产活动、族际关系、德育实践关系等四个方面较为系统地论述彝族民俗思想政治教育功能的实践价值。二是从言传身教、示范模仿、以诚施教、环境感染、礼仪熏陶等五个方面阐述彝族民俗思想政治教育功能发挥的方法，从服从到认知、从行为到思想、从自发到自觉、从接受到创新、从受教到施教者等五个方面探索彝族民俗思想政治教育功能发挥的路径。三是从寓教于实践活动之中、寓认同于行为规范之中、寓和谐社会教育于家庭之中、寓爱国教育于民族认同之中等四个方面探讨彝族民俗思想政治教育功能优化的基本策略。

第三，研究方法的创新。学科交叉的研究方法能拓宽学术研究视野，碰撞出研究的思想火花。因此将思想政治教育与民俗相结合进行跨学科研究，并借鉴民族学、文化学、哲学、社会学等学科的基本理论和基本方法，对彝族民俗的思想政治教育功能进行研究，在研究方法上来说也具有一定创新性意味。

四、研究思路及方法

（一）研究思路及内容

笔者是彝族，熟悉本民族文化，在读民俗学硕士的学习阶段就发现彝族民俗蕴含着丰富的思想教育功能。立足于民俗与思想政治教育学科交叉的视野，以思想政治教育的基本理论和方法为支撑，从彝族的族源和社会历史出发，全面梳理彝族的物质民俗、社会民俗、精神民俗及语言民俗等类别，总结提炼彝族民俗特点及思想政治教育特性，挖掘彝族民俗思想政治教育功能，论证彝族民俗在思想政治教育实践中发挥的效果和作用，分析彝族民俗发挥对民众开展思想政治教育的场域、内容、方法和路径，透视民俗在现代进程中的境遇及异化情况，用社会主义核心价值观引领民俗释放出强大的思想政治教育功能活力。走进新时代，需要明确彝族民俗思想政治教育功能的发展目标，不断丰富和深化少数民族思想政治教育的内容和形式，优化彝族民俗思想政治教育功能的发展策略，有效推进彝族民俗的思想政治教育功能创新发展。运用理论与实践结合、田野调查研究、图书期刊和文献检索以及网络检索、跨学科等研究方式，根植彝学、思想政治教育等学科的研究成果沃土，提出彝族民俗思想政治教育功能的观点与建议，主要通过以下七个部分来呈现：

第一部分主要论述彝族民俗思想政治教育功能研究的选题背景和研究的意义，分析国内外对民俗、思想政政治教育功能、民俗与思想政治教育等的研究现状，提出研究的重难点及可能的创新等，明确研究思路，介绍主要采用的研究方法，为保障研究的有序进行提供基础支撑。

第二部分主要论述彝族民俗的源流与思想政治教育功能特性。基于彝族社会历史发展实际，系统梳理彝族民俗的概念、类别及特点，全面分析彝族民俗的职能与思想政治教育功能本质一致性，归纳总结彝族民俗思想政治教育方式的特殊性。

第三部分主要论述彝族民俗的思想政治教育功能价值与作用。总结提炼彝族民俗的一般社会功能为基础，论证彝族民俗思想政治功能的实践价值，发掘彝族民俗特有的思想政治教育功能作用，拓展彝族民俗思想政治教育功能意义延伸。

第四部分主要论述彝族民俗思想政治教育功能发挥的关系领域和内容。首先是分析彝族民俗思想政治教育功能发挥的关系领域，其次是发掘彝族民俗蕴含的思想政治教育基本观念，再次是归纳总结彝族民俗思想政治教育功能的主要内容。

第五部分主要论述彝族民俗思想政治教育功能发挥的方法与路径。首先总结彝族民俗的思想政治教育方法，其次是分析彝族民俗思想政治教育活动领域，再次是梳理了彝族民俗思想政治教育功能发挥的路径。

第六部分主要论述彝族民俗思想政治教育功能的境遇与变异。从社会转型导致彝族民俗思想政治教育功能失去实践依托、教育体制的变革使彝族民俗思想政治教育功能萎缩、“文化搭台经济唱戏”导致彝族民俗的庸俗化等三个方面透视彝族民俗思想政治教育功能的生存境遇。

第七部分主要论述了彝族民俗思想政治教育功能的优化与开新。倡导坚持以社会主义核心价值观为引领，赋予彝族民俗符合时代发展的新内容，发挥彝族民俗的思想政治教育资源作用。提出实现思想政治教育民俗化、生活化的发展目标，施行有效发挥彝族民俗思想政治教育功能的发展策略，推进彝族民俗的思想政治教育功能与时俱进和创新发展的思考。

总之，彝族民俗是宝贵的思想政治教育资源，其职能与思想政治教育功能有内在一致性，在彝族社会历史发展长河中发挥了独特的思想政治教育功能作用，在现代化进程中优化与开新彝族民俗思想政治教育功能新路径并非一朝一夕就能够完成，不仅需要后续其他学者更加深入地探究，也需要彝族人及社会各界的不断践行。

（二）研究方法

1. 文献分析法

文献是研究的基础，也是提升研究质量和保障研究得以有效开展的关键环节。面对彝族民俗思想政治教育功能资料缺乏的实际，竭力站在巨人的肩上，站在思想政治教育学科的最前沿，深入挖掘民俗功能的文献资源，收集彝文古籍和民间活态传承的各种民俗活动资料，归纳整理民俗、彝族民俗、思想政治教育功能等涉及的文献，历经去粗取精、去伪存真、由表及里的分析过程，充分利用好本人身处彝族文化资源富集区的优势，借助网络搜索与本课题研究相关的文献、学术论文资料，分析整理相关学者的理论观点，对彝族民俗的思想政治教育功能提出科学合理的界定，论证彝族民俗功能发挥的基本情况，主要内容、方法和路径，透视彝族民俗思想政治教育功能在现实生活中发挥的基本情况及境遇，为优化与开新彝族民俗思想政治教育功能提出粗浅的建议。

2. 跨学科综合研究法

思想政治教育学本身就是一门具有交叉学科性质的学科。其涉及到的学科不胜枚举，在开展对彝族民俗的思想政治教育功能研究中不能不运用到民族学、政治学、哲学、社会学、文化学、教育学、历史学等学科基本理论和研究方法。这些学科之间彼此交融，相互促进，取长补短，可以为研究彝族民俗的思想政治教育提供参考。因此，在开展研究具体实践过程中应该以马克思主义和中国特色社会主义理论体系为指导，充分借鉴各交叉学科的基本理论和研究方法，在思想政治教育话语体系下完成本文既定的研究目标。

3. 实证研究法

学术理论往往需要实证的支撑。在研究中充分采用田野调查法，深入川滇黔彝族聚居区亲历各种民俗活动，记录丰富多彩的彝族民俗活动现象，利用自身作为彝族的优势，既收集散落于民间的彝文古籍，又走村串户搞田野调研，用鲜活的彝族民俗案例支撑科学的理论。注重有论有述，述论结合，结合研究的重点提出发挥彝族民俗思想政治教育功能路径和观点，为本文的后续研究提供实践和理论支撑。

第一章　彝族民俗源流与思想政治教育功能特性

彝族民俗作为彝族文化的重要组成部分，有着特殊的思想政治教育功能，并在彝族的生产实践和生活活动中发挥着独特的思想政治教育作用。一方面，彝族民俗的社会功能与思想政治教育功能在本质上具有一致性，反映了社会生产生活发展的基本要求。另一方面，同其他民俗一样，彝族民俗保障着社会生活活动有序发展，伴随社会生产生活方式的发展变化。作为一种思想政治教育方式的彝族民俗，它具有思想政治教育特殊性，是开展思想政治教育的宝贵资源。

第一节　彝族历史发展和彝俗

彝族具有非常悠久的历史。根据《西南彝志》《彝族源流》和《中国彝族通史》的资料记载，彝族距今有7000年左右的族源史。目前学术界对于彝族的族源还并未形成统一认识，并形成了流派繁多、众说纷纭的局面。在各种研究中，比较有代表性的就是“北来说”，认为彝族先祖是源于西北河湟一带的古羌人，他们自北向南进行流动，逐渐形成了彝族的祖先。另一种说法为“土著说”，认为彝族是以西南土著为主，源于云南元谋，沿乌蒙山脉和金沙江、大小凉山发展，在西南形成了自己特有的彝族文化，同时也从彝族中分支形成了西南的一些少数民族。彝族在经过长期的历史发展变迁之后，最终在中华人民共和国成立之后而被正式定名，并在我国施行的少数民族自治政策引领中，彝族保留了自身的语言、民俗习惯等，成为中国独具特色的少数民族之一。

一、彝族族源

据《西南彝志》和《爨文丛刻》等彝文古籍记载，彝族古代社会从哎奢耿诺佐和哺哲哺额克之世的哎哺时代开始，就进入了用火吓跑毒蛇猛兽，由巢居进入穴居生活的时期。在“密姆喽嘎”地方刻纪年树、纪月石，创造历法和文字，进入文明社会初期。在经过漫长的尼能、至实索（蜀叟）时代之世，由实阿武和索买遮两氏族首兴“男愿人不兴，女愿人则兴”的开亲结配后，彝族先民才从“知母不知父”的母系社会过渡到父系社会。父系始祖希慕遮之后，按父子连名方式，从希慕遮、遮道古、古珠施、施阿立、立阿密、密乍拐（汉文史志记作诧规）确立了古夜郎国最初版图。到希慕遮31世笃阿慕之世，古蜀国彝族先民因洪水灾难，活动中心逐步转移到“洛尼博”和“卓阿纪堵”，也就是今天的滇东北东川、会泽、鲁甸一带，彝族首领笃慕被“诸夷奉以为君”之后，其社会体制形成六祖分支，各君一方格局。武、乍、糯、恒、布、默六部，各称雄于滇、川、渝、黔、桂连片地域。彝族六祖分支后，目前少数彝族已遍及全国和东南亚各国及英国、美国、加拿大和日本等世界各地。……彝族因为生存能力、适应能力和遗传基因等因素，数千万年来，一直生活在大山里自强不息，成就了如默部后裔妥阿哲（济火）从蜀汉建兴年受封罗甸国王至明清封贵州宣慰使、水西宣慰使，至康熙三十七年“改土归流”，独家世长其土1474年（见《大定府志》）[33]之世界奇迹。彝族自称“倮啰”（龙虎）人，非常强悍，自信是龙的传人，虎的子孙，被誉为虎的民族和龙的民族。

彝族的分布形式呈现大分散、小聚居的特征，地理上则主要分布在滇、川、黔、桂四省区，主要聚居区位于四川的凉山彝族自治州，云南楚雄彝族自治州、红河哈尼族彝族自治州，贵州的毕节市、六盘水市，广西隆林各族自治县等，依据第六次全国人口普查统计结果显示，彝族总人口数量大约870万左右，彝族的语言文字隶属汉藏语系藏缅语族彝语支，大致可以划分为六种不同的方言，拥有自己的文字，已出版了《通用彝文字典》，古籍卷帙浩繁，彝族民俗丰富多彩。目前，彝族族源研究丰富，观点不一，主要有“东来说”“西来说”“北来说”“南来说”“土著说”，乃至“外来说”等诸多观点，但最具有代表性的主要是“北来说”和“土著说”两种。

1. 北来说：从北到南迁移而形成的彝族

彝族族源的各种观点中，“北来说”一直被认为比较权威，认为彝族在秦汉之际甚至是蜀汉时期诸葛亮南征时期便出现在西南的一批民族。应为“旄牛徼外”南下的

---

[33] 贵州省毕节地区地方志编撰委员会点校．大定府志［M］．北京：中华书局，2000：978.

古羌族一支，最早是在两汉之际出现，基本上不会超过这个时间。这一学说主要集中在研究彝族历史的汉族学者，以著名历史学家方国瑜先生为代表在《彝族史稿》中持该观点。中国社会科学院研究员胡庆钧、四川大学教授蒙默等学者亦对彝族的社会历史进行了详尽研究，也认为彝族族源为由北而南。方国瑜先生认为，最早居住在西北河湟一带的彝族古羌人，从几个方向进行了流动，其中有一部分流动到了西南方，这些古羌人便是彝族人的祖先，是彝族的族源之外所在。最主要的证据则是彝族在语言、生活、文化、名称上所表现出来的特点，均与古代的羌人有一定的关系。而彝族学者陈英先生认为，彝族是古夷人或者是氐羌人的后裔，古夷人部落在六千多年前多活动在陕、甘一带，后来逐渐发展往西南方向迁移便形成了现在的彝族。尤其是在如今西安半坡出图的陶文、上古帝王颛顼与希幕遮生活的地域和时期有较大的关联，而西安半坡正是古夷人伏羲部族的故乡。[34] 因此，彝族与古夷人有着密切的关联，中央民族大学马学良教授也坚持认为羌族就是彝族人的前身，而且彝族还是羌族的支系民族中少有的具有文字的民族之一。这些学者基本上都认为古羌人就是彝族人的前身，彝族先民主要是从西北迁移到西南地区的民族。

2. 土著说：彝族是西南土生土长的民族

由于彝族主要聚居在中国西南，而这里又是元谋人的发源地，根据彝汉文资料考证，彝族为西南土生土长的民族。原《求实》杂志总编辑王天玺认为，彝族源于西南，是彝族远古先民自金沙江溯岷江（入金沙江）、沱江、嘉陵江（均入长江）北上达青海、甘肃、陕西，在汉文史籍里被称为戎、羌、氐。“金沙江南北两侧土著彝族先民一部分向北迁达今青海、甘肃，为远古羌戎；其中一部分往西迁经新疆塔里木盆地跨越葱颠，融合于今阿富汗、土耳其先民。留居甘肃、陕西渭河（古称姜水，即羌水）者，与当地蓝田猿人遗裔融合，由之分衍为伏羲、炎帝、黄帝等等氏族部落，散步全国各地，复与北狄、东夷诸部落融合。炎帝部落往东迁达山东半岛，成为尔后受周所封的齐姜（羌），炎、黄帝氏族部落中某些部分往东北迁徙，经西伯利亚、白令海峡入美洲大陆，成为当地的拓荒土著印第安诸氏族部落。”[35]。贵州彝学研究会会长禄文斌则认为，诸葛亮“七擒孟获”中的孟获是当时滇中彝族的首领，且孟获当时为

---

[34] 陈英．陈英彝学研究文集［M］．贵阳：贵州人民出版社，2004：263.

[35] 王天玺．宇宙源流论［M］．昆明：云南人民出版社，1999：2.

南中大姓，而黔西北水西彝族首领济火也正是因为帮助了武侯有功而被封为了罗殿国王，济火之所以能够被封为国王则说明了当时在贵州阿哲宗法统治地区已经有了国家和王国，而国家和王国的出现必须经过漫长的发展历史，因此彝族并不是在出现时就立马有了王国，因此“北来说”的说法也不攻自破了。[36]“土著说”还认为彝族先民是西南地区土生土长的民族，是西南地区最古老的原始居民之一，并不是秦汉时期才出现在西南地区的，随着越来越多的彝族历史文献被翻译出版，许多资料证明彝族的历史非常久远，如著名史学家马长寿在《彝族古代史》中就认为三千多年前彝族就已经开始在云南活动了，东人达、马廷中的《彝族古代史研究》以及刘尧汉的《彝族文化研究丛书》也将彝族历史拉回到了古代时期，确立了彝族属于西南地区“土著人”的说法。

彝族族源研究的第一部专著来自于唐楚臣的《彝族族源主源》，是当前彝族研究学者之间公认的一部成功之作。民族学博士后、上海师范大学及云南民族大学博士生导师白兴发教授说：该书详尽地说明和解释了彝族漫长而沧桑的历史文化根源，是研究彝族文化之集大成者。彝族的来源众说纷纭，有人认为彝族族源主流源于古蜀国，也有人认为彝族源于西南夷中的“叟”“昆明”，“叟”即蜀。易谋远教授在《彝族史要》中指出：“彝族起源的主源是以黄帝为祖的‘早期蜀人’。”《史记·三代世表》《正义》说：“周衰，先称王者蚕丛。国破，子孙居姚、嶲等处。”“姚”是指如今云南省东北部的广大地区；“嶲”即金沙江以北的四川省凉山州地区。其实长久以来，许多现存的文献都曾提及到这些观点和内容，但开始并没有引起人们的重视，直到三星堆文物的陆续出土，那些曾经被人遗忘，被人当作神话故事的文献内容，才被发现真实存在，变成了史实。彝族族源主源原来就是三星堆人的后裔，即古蜀人的后裔。据此，彝族理所当然的成为了汉晋时期的“叟”即遗散南中的古蜀人，因为彝族与三星堆的关系可以推断出来，彝族与古蜀国的关系越发紧密，不可分割。“叟”也因此逐渐形成民族认同感，从而诞生了彝族这样一个拥有共同语言共同文化的民族共同体。彝族是古氐羌人在南下长期发展过程中与西南土著部落不断融合而形成的民族。古羌人分布在陕、甘、青一带，约在4~5千年前，其早期南下的支系与当地土著部落融合为僰（濮），僰系“羌之别种”。公元前4世纪初，羌人无弋爰剑之后从甘、宁、

[36] 禄文斌．贵州彝学［M］．北京：民族出版社，2000：3.

青一代河湟地区南下，到岷山以东到金汉江畔，发展为武都、广汉、越诸羌。在古氐羌人与西南土著部门融合为僰的基础上，昆明与僰（濮）的融合是彝族形成过程中一个新的发展阶段。魏晋以后，昆明人与僰（濮）的融合发展为对僚人的融合。[37]

综上所述，在本文看来，彝族作为一个多元统一体民族，既包含了从北至南迁移而来的羌人，同时也包括了一直活动在陕、甘一带的古夷人，还有发源于西南的元谋民族支系，最终相互交融而形成了彝族。正是从这个意义上说，彝族可以称为以土著为主、兼有北来为辅的多元整合体民族。

二、彝族社会历史概况

彝族历史悠久、文化灿烂。彝族主要分布在云南、贵州、四川和广西壮族自治区的西北部，为多元融合的民族，不断吸收、融化其它民族如氐羌等，又不断地发生分化，形成了其他少数民族，部分还融合到汉族中去。各地彝族在社会历史发展中政治、经济、文化发展不平衡，历经了奴隶制、封建农奴制、封建地主经济多种社会形态并存，解放前的一段时期内，曾存在官僚资本主义社会形态。

彝族是一个拥护民族团结和祖国统一的民族。千百年来，彝族人民与其它兄弟民族一道为保卫祖国的边疆，缔结多民族的国家，在中国历朝历代的历史变迁中始终拥护中央王朝的统治，同时建有自己的政权组织形式，在贵州水西地区就有“千年土司”之美誉，为地方经济社会发展做出了彝族人的贡献。特别是近代以来，彝族人民对帝国主义的入侵予以坚决的抗击，保卫了祖国领土的完整。辛亥革命和护国战争期间，安健等彝族仁人志士参加了旧民主主义革命的行列，为民主革命贡献了彝族人的力量。在党领导的革命斗争中，留下了红军指挥员刘伯承和凉山彝族首领果基小叶丹彝海结盟的佳话，彝族人民踊跃参加革命，为民族的解放以及中国人民的解放付出了巨大牺牲。解放初期彝族人民为建设祖国、保卫祖国作出了重要贡献，在 20 世纪 50 年代的抗美援朝和 70 年代的对越自卫还击战争中，许多彝族儿女付出了年轻的生命。社会主义现代化建设时期，彝族人爱祖国、讲政治、顾大局、重团结，许多彝族人成长为地方的各级领导干部，为民族团结和国家的繁荣昌盛殚精竭力、夙夜奉公。

---

[37] 姊妹彝学研究小组巴莫阿依嫫，巴莫曲布嫫，巴莫乌萨嫫编著．民族文库之十六-彝族风俗志［M］，北京：中央民族出版社，1992：5.

彝族文化底蕴深厚，文化多姿多彩。彝文古籍涉及到彝族历史、文学、哲学、天文历算、医药诸领域，古代彝族对历法和宗教信仰形成了本民族特有的观点和方法，多年来形成了自己的语言、饮食、服饰、宗教和歌舞文化。诗人何其芳曾称赞彝族民歌“很有特别的色彩，就像在辽远的寂寥的山谷中忽然出现的奇异的迷人音乐”。

彝族地区自然资源富集。金沙江及其支流蕴藏着丰富的水利资源，在广阔的森林中既有云南松、马尾松、云杉、泪杉、油松、青冈栗等建筑用材，也有漆、樟、茶、木、棉等经济林木，盛产野生动植物和鹿茸、麝香、熊胆、茯苓、三七等贵重药材。彝族聚居区不仅盛产煤、铁，也是我国有色金属的主要产区之一，大小凉山、黔西北、滇东、滇南各彝族地区，盛产金、银、铜、铝、锰、锑、锌等数十种金属矿藏。

建国以来，“彝族同胞在中国共产党的领导下，在党的民族政策的光辉照耀下，实现了两大历史性跨越：一是社会制度发生了变革，广大彝族同胞翻身作主人，走上了社会主义道路；二是社会面貌焕然一新，改革开放和现代化建设顺利推进，呈现出经济加快发展、社会政治稳定、民族和睦团结、人民生活显著改善、文化繁荣发展的可喜局面。”㊳

三、彝族民俗源流及元典民俗

彝族聚居区为中国大西南，这里的地理环境、生产力水平、生活方式、重大历史事件和重要英雄人物、彝族人的心理及审美特征等对彝族民俗产生和形成起了决定性作用。按照马克思主义的观点，任何一种意识形态都源于社会生产生活的实践活动，彝族民俗作为文化的重要形式，其产生和发展同样如此。彝族民俗是彝族人的，也是为彝族人创造和享用及传承的生活文化，它起源于彝族人类社会群体生产生活的需要，在不同的时空中服务于彝族人民的生产生活需要，影响规范了彝族人日常生活的行为习惯，成为大众认同、尊从、共享和传承的重要文化样式，形成了纷繁多样的彝族民俗事象和民俗活动。

“元文化”一词的出现，单纯来看，就是指具有教育意义的相通性基本原色出现在了历史上某一文化类型之中。因为教育意义的元文化，和其相关的具有特色的民俗文化的兴盛衰败更替，有着千丝万缕密不可分割的关系。曾经在历史上留下卷帙浩繁的彝民

㊳ 安静．建国以来毕节彝族历史文化概述［J］．毕节学院学报，2011（2）：30.

族，也正是因为彝族自身的元文化存在的科学性和合理性，使得彝族文化璀璨丰富。

彝族的八卦所蕴含的思想理念就是彝族最根本的文化元素，被彝族学者王秀旺先生称为“元文化”。他认为，彝族先天八卦“天地人以人为本、和谐共生；一分为三、合三为一；相辅相成、合体统一”的理念，影响到了彝族文化的各个方面。彝族古代先贤们也曾经明确告诉我们，彝族先天八卦就是彝族文化的根本，而这就是彝族元文化之所在。《土鲁窦吉》第一卷之《立九宫定八卦》：“祖昌天地代，六合彝根本”中所提到的六合就是指“东西南北加上下”这六合，而这正是彝族的先天八卦。因此，彝族的元文化的先天八卦在对彝族社会及习俗的形成上也产生了重要的影响。以彝族先天八卦理念为主的彝族元文化是彝族先民智慧的结晶，蕴含着许多自然哲学理念和社会伦理实践根源。正是因为彝族先人一直秉承着先天八卦这一元文化理念，彝族才能形成从古至今的发展格局，形成独具特色的文化体系，才造就了彝族八卦的五行理念，产生了彝族八卦阴阳和谐的理念。[39]“阴阳和谐”是彝族八卦的基础和目的，同时也是彝族八卦的根本理念。《土鲁窦吉》第一卷《清浊气产生》中记载，“远古天未形成，地未产生时，哎未产生，哺未出现时，先有清浊气。徐徐清气，沉沉浊气。清气青幽幽，浊气红彤彤”。之后，《清浊气产生》又记载“上产生徐徐清气，下产生沉沉浊气。徐徐的清气，沉沉的浊气，它俩相配合，散惬惬一代，惬恒恒二代，恒隐隐三代。”由此可以看到，彝族八卦认为，宇宙世界源于一片无限广大虚无的空气；广大虚无的空气不停运转产生了混沌的青赤元气；青赤元气的不停运转逐渐形成了清气和浊气。清浊产生后相互配合形成了哎（乾，父）和哺（坤，母），并形成了坤的层次。在《土鲁窦吉》之《叙哎哺根源》及《宇宙人文论》等古籍文献中提到，哎哺产生后又形成了高天顶，产生大地面，哎和哎反复结合，哺和哺反复相配，哎哺又相交，产生了“采”和“舍”。也就是说清浊二气的持续循环云状产生了天地万物。之后，天地的交合运转产生了人。

彝族元文化中“阴阳和谐”实际上就是“天地人一分为三、合三为一，以人为本、和谐共生，相辅相成、合体统一”的哲学原理，“青赤黑白黄”八卦五色则影响了彝族的民族服饰。在历法上，彝族有“十月太阳历”“十二月阴阳合历”，就是根据彝族先天八卦的理念和运算定律推理而成的，而且在《彝族天文学史》《年算书》《吉

---

[39] 王秀旺著．彝族元文化典论［M］．北京：民族出版社，2016：361.

禄诈素》等文献中均记载了彝族观测记录的150颗左右恒星，彝族观测到的晒季、省季等9大行星，以及对于日食和月食等方面的记录和研究。此外，彝族古代文学以诗歌为主，讲究阴阳对照与和谐，形成独特的三段论模式。在《西南彝志》《爨文丛刻》《宇宙人文论》等彝文古籍和彝文文献经典《玛木特依》《投确数》等文献经典中记载了浩如烟海的祭祀、婚俗、葬俗等彝族民俗，各类彝族民俗历经岁月的洗濯不断为人们共享传承，绽放于中华民族民俗百花园中。

第二节　彝族民俗的类型及特点

民俗是一个民族集体的习俗传承和民间文化形态的流传，一个民族的民俗主要通过口碑传播、行为示范和心理影响进行传播，并在一代代传播中不断创新发展。彝族民俗是彝族人民在社会生产生活活动中创造和享用的文化样式，属于彝族传统文化的重要内容。彝族民俗从自然到社会，从生产到生活，从语言文字到民间故事，从神话到信仰民俗，从“五色”民俗到祖先崇拜，彝族民俗样式多元、种类繁多，我们可以粗略地将彝族民俗分为彝族物质民俗、精神民俗、社会民俗、语言艺术等类型。

一、彝族民俗的类型

1. 物质生活民俗

彝族物质民俗是指人们在生产实践活动中创造的服饰、饮食、建筑等物质产品，依托不同的物质形式、承载丰厚的民俗文化活动形式来教育教化人们，彝族物质民俗即为人们在创造和消费物质财富过程中形成的文化形式。主要分为服饰民俗、饮食民俗、建筑民俗等。

(1) 服饰

彝族服饰是彝族代表性的物质民俗之一。彝族服饰有着悠久的历史和显著特点，彝族服饰不仅是民族传承的文化符号，而且通过理解这种符号还能够了解彝族文化精神特征，了解彝族的生活方式和历史文化。据彝文古籍记载，彝族从“六祖”分支后，在漫长的历史长河中保持相似性的基础上呈现出各个地区服饰特征的原始风格，形成了独具特色的彝族服饰文化体系，是民族服饰中的美丽花朵。彝族支系繁多，不同的服饰类型可分为乌蒙和凉山、云南等类型，彝族服饰不仅体现出风格多样的审美特征，也反映区域文化特点，每一种彝族服饰民俗都体现了不同的审美文化。彝族服饰多为文案装饰，纹样源于彝族的图腾崇拜，既有动植物和花鸟图纹，又有样式繁多的几何图样，代表性的图样有涡旋纹、火焰纹、虎牙纹、八角纹等。披毡是彝族古老而普及的重要服饰之一，主要由羊毛擀制、马尾鬃编织和羊皮毛制作等，尤以羊皮毛披毡最为名贵，如今的贵州毕节市的威宁、赫章等彝族聚居地，云南楚雄、镇雄、彝良等，四川凉山等地彝族聚居区依然还在使用。2018 年 2 月 11 日习近平来到大凉山深处，走进彝族贫困群众家中考察脱贫攻坚工作时还接受了当地彝族群众赠送的羊毛披毡。多数彝族村寨的妇女喜欢穿百褶裙，脚穿绣花鞋，头戴帕子或精致的帽子，饰品有手镯，耳环，项链，荷包、项链和其他银饰品。彝族地区的纺织有着悠久的历史，一些彝族家庭有织布机，可以编织不同种类的提花、花卉图案和几何织物供自己缝制被子、背包，彝族妇女把自己对美好生活的热爱和向往一针一线地描绘在服饰上，图案复杂美观，细致厚实，经久耐用。有人说：一些复杂的图案，一个纬度就需要改变不同颜色的线条，一个聪明、身材好的女人一天只能织一两英尺，在这里，彝族人经常把一个姑娘的纺织水平作为一个重要的条件来寻找对象。彝族人穿服饰是由手工缝制的棉麻制成的，有些是自己生产的，有些是从内地或其他地方买的。彝族居住的地区，几乎所有彝族妇女都是十字绣的专家，其所穿服饰一般都有精美的刺绣，堪称精美的手工艺品，是彝族服饰民俗的瑰宝。

（2）饮食

彝族的饮食具有彝族地区地理环境和自然条件及民族生活习惯的特点。彝族聚居地相对于中原地区情况更加复杂，不同区域内部的饮食习惯也存在较大的差异，比如湖盆、溪谷等地，因灌溉条件优越，该地区人们倾向于种植水稻，饮食也以稻谷为主。居住在山区的彝族人民，则利用该地区丰富的光照资源，种植小麦和玉米等粮作物。另外彝族畜牧业的发展则是以羊和猪为主，同时也有鸡和牛等。彝族有很多美食，如手抓羊排、彝族坨坨肉、彝族辣仔鸡、风味血大肠、坛子牛肉、香肚、烤乳猪、烤土豆，炸洋芋、荞麦粉、豆花、全排牛宴、冻肉、锅巴油粉、酸菜汤、连渣菜，还有杆杆酒、米酒等美酒。彝族逢年过节期间，彝族人民的菜肴就会变得非常丰盛，种类繁多，比如羊肉牛肉汤锅、蒸排骨、砣砣肉、煎糍粑等等。如果这个时候有重要的客人前来拜访，彝族人民会热情地款待客人，并用彝族独具特色的“打牛”“打羊”的习俗来迎宾待客，期间会根据客人的亲疏程度以及身份高低，以不同的肉类来对应。并且为了表达对客人的尊敬，在宰杀牲口前，会将牲口带至客人面前先行过目，宰杀时往往不会使用刀具，往往有“打牲”一说。在宴请宾客时，落座的顺序和位置也有独特的讲究。通常来说，主客皆会围绕食锅席地而坐，主人位列于食锅右方，客人坐在食锅左方，而妇女和亲友等会坐在食锅的下方，当客人数量较多时，会依次顺延至右侧。在主客之间相互敬酒也有讲究，盛酒后敬酒的次序是要先从长辈开始，依据辈分顺序一一敬酒，用餐时同样也会讲究男女有别长幼有序，上席需要留给长辈或客人，晚辈只能坐在下席。在彝族人的眼里，酒是招待客人不可或缺的必备见面礼，只要客人进屋必然会受到酒水的招待，然后尽情享用主人精心制作的各种彝族菜肴。菜品一般是较为油腻来表现主人大方，会餐期间，好酒好菜必然先让客人或长辈品尝，在某些大型公众宴会上，男女会分开单独各坐一桌，主妇会不时地观察客人饭碗，待米饭快要见底时及时地为客人添饭，从而表达彝族人民热情的待客之道。[40]

（3）建筑

彝族的建筑民俗风格多样，同饮食民俗一样，同样反映着彝族所处的地理环境。彝族主要聚居在川滇两省的交界的凉山地区，云南红河哈尼族彝族自治州、楚雄彝族自治州地区，贵州的黔西北地区。其分布特点还与该地区的气候条件以及地形特点紧密联系，比如以 1000 米、2000 米、3000 米为分界线，彼此之间气温差异较大，导致不同地区之间的建筑风格表现出不同特征。比如说，形态封闭且高度较低的建筑大多处于海拔相对较高的地区，形态开放宽敞且高度较高的建筑一般处于海拔较低地区，但是，各自在装饰和平面功能上的特征却是一致性的表现为彝族特色。彝族在建筑形式上较为多样，有竹篾房、草房、瓦片房、木板房、石房、土墙房等。生活在不同地区的彝族人会根据当地特定的生活环境、气候条件、精神信仰来选择建筑形式。例如在凉山地区的彝族大多都会选择瓦片房。凉山地区的瓦片房与其他地区存在着明显不同的特点，屋顶通常设计成双斜面，内用木柱支撑，然后利用竖盖瓦板，再将一些条木横放在瓦板上，最后再用石头紧紧压在上面，防止大风天气造成破损，而瓦片房屋的墙体则与其他土墙房屋呈现相同的特点。在房屋建筑布局上，传统彝族民居平面形式大多为一字矩形，会分为三个房间，正中间为堂屋加厨房，左右两边分别为锅庄和

---

[40] 蒋志聪．彝族独具特色的饮食文化［J］．西部论丛，2009（5）：87.

卧室。而在建筑的装饰上，彝族人会选择在建筑内部或外部雕刻一些寓意吉祥的动物或其他图案，表达彝族人对于家族平安、建筑牢固的寄托。彝族的建筑在建筑形式、功能、装饰等方面均体现出了与汉族不同的文化氛围，与彝族的历史、宗教、文化、环境、经济等息息相关，体现出了彝族的传统建筑文化审美要求和注重实用的特征。

2. 精神民俗

彝族精神民俗是指在物质文化和制度文化的基础上，人类在理解和改造自然和社会的过程中形成的精神文化民俗。主要包括民间信仰、民间巫术、民间哲学伦理和民间艺术，体现在自然崇拜、祖先崇拜与万物有灵的观念和行为中。从古至今，彝族敬畏神秘的龙和威猛的虎，按彝书易理，龙为阴虎为阳，代表母系和父系。从而代代相传彝家是龙的传人，虎的子孙。由此自称“倮啰、倮啰（龙虎）”便成为彝族图腾。彝族又以昂首望远、鸣叫声超过狮吼虎啸的鹤代表君；以按季节啼鸣、催促牧养耕种的鹃代表臣；以飞得高见识广的鹰代表师。由此，演绎出彝族六大支系以日月星辰、河湖山岩和各种飞禽、走兽、植物作为各阶层、各家支崇敬物，即以之为级别代表和呢彝名号（家族称谓）。彝族崇拜祖先，人死后请经师念彝经，安慰逝者三魂之一魂入竹灵筒受家祭，另一魂守坟茔，指引又一魂去云南老祖先的发祥地。之后，君升入太阳，臣升入月亮，师升入紫微星，民众升为满天星。彝族的祖先崇拜，笃信万物有灵，由此生成。彝族民族间二月祭水神，三月祭山神、祭树神、祭花神（举行杜鹃花节），四月祭天雷天电、天地精华雨露神、祈求风调雨顺，五月祭六畜神（举行赛马斗牛节），六月取圣火、祭火神（举行火把节即过小年），十月祭五谷神（以五谷盐茶和牺牲祭祖过大年）。如此等等的民间传统活动，无一不体现出历代彝族人民对祖先和大自然（万物有灵）的崇拜敬畏，与现今国家倡导生态保护、创建蓝天白云、造就绿水青山的环境理念完全一致，符合发展不离根，创新不离本的宗旨。

（1）自然崇拜

彝族人民在自然崇拜中，主要表现神灵和精灵的崇拜。在彝族人传统的观念中，总认为自然界中的许多无生命物质附着有精灵，“天上一群星，地上一群人”，天上的日月星辰、风雨雷电，地上的山川河流、花木石土等都有神灵主附着，要敬畏自然、顺应自然和爱护自然，“米孙叽”就是为了祭祀龙树而举行的仪式，每年夏历二、三月的一个龙日祭奠以龙树，祈求风调雨顺、五谷丰登。生活中，彝族臆想家中的东西比如衣服、珠宝、银器和器皿均有精灵依附，具有保护家人的平安的神力。彝族人对自然的崇拜体现了朴素的自然观，强调人与自然的和谐相处，由此演化为以敬畏和崇拜自然的民俗活动，通过多种宗教祭祀自然习俗来规范和引导人的生产生活实践行为。

（2）图腾崇拜

图腾崇拜是自然崇拜的发展和深化。从彝族的家谱来看，彝族人们的名字通常是动物、植物或其他自然物的名称。如凉山彝姓“（老虎）马”，“母（竹），切(雕）”；云南彝族在二十世纪至四十年间仍保留着龙、虎、猴、鼠、牛、鸡、布法罗、鸟、蛇、蜜蜂、梨、黑沙光、山、路、斗瓶等图腾遗迹。仪式活动往往体现出宗教性、程序化和循环性的特征，表达出彝族对祖灵、对祖先的尊崇、敬重，对鬼魅的惧怕等情感。这种情感引发和派生多以祖先崇拜和万物有灵信仰为基础的信仰体系，通过神话中的历史叙事语境表达先祖分支、迁徙、祭祀的历史记忆[41]。

（3）祖先崇拜

祭祖活动一般是通过老布摩完成的，彝族人们把布摩当成是彝族与众神之间的交流使者，布摩可以主持包括所有的生死仪式、节日、集会和灾难等重大宗教活动，历代的布摩一般通过古代书籍熟悉天文历学、家谱、伦理、史诗、神话等等，布摩制度是一个世袭体系，传男不传女。彝族祖先崇拜的特点是为父母安灵和送灵，通过仪式将死者灵魂变成“吉尔”，请布摩制作一张灵牌，通过供奉来避免亡灵的灵魂徘徊。除了宗教活动之外，布摩还帮助家支对有异议的财产作出神圣的判断，所有的彝族人们都对布摩具有崇拜心里，信任布摩的一言一行。随着海外教派的传播和彝族地区对外开放的深化，道教和佛教也逐渐传入彝族地区，部分彝族逐渐接受了道教和佛教文化。在一些地区的彝族人们，传统的彝族信仰既包括祖先崇拜，也通过对道教和佛教有了一定的认识而产生了一定程度的崇拜。例如，巍山等地的彝族，除了祭祖之外，还崇拜观音，道教等。十九世纪末，云南和贵州的天主教传教士修建了教堂和教会学校。例如，法国牧师保罗•法兰克（Paolo French）在云南彝族地区进行了三十多年的传教活动，对彝族地区的宗教信仰产生了非常大的影响。因此，一些彝族人信仰天主教，但是大部分彝族地区人们的宗教信仰主要还是祖先崇拜和自然崇拜。

3. 仪式和制度

彝族社会民俗也称为社会组织和制度民俗，是指在一定条件下人们习惯性的社会

---

[41] 杜成材．酒与毕节彝族的社会生活［J］．广西民族师范学院学报，2014（2）：41.

关系，具体是指个人、家庭、村庄、民族、国家甚至国际社会的结合，以及在参与过程中使用和产生的集体行为。彝族社会民俗可以分为社会组织民俗、社会制度民俗（如习惯法，生活礼仪等）、节日民俗和生活民俗等。

（1）家支制度

"家支"制度是彝族人一种独特的社会组织模式，为彝族的社会民俗之一，也是宗族社会组织的一种变化形式。彝族家支制度的功能可以从家庭文化和表达形式两个方面进行描述。在传统社会，"家支"是彝族社区的主要运作机制，无论在婚礼、葬礼、宗教仪式等公共场所进行的各种仪式，还是在彝族的农村选举和社会矛盾中，"家支"制度都显示出强大的社会力量。"家支"是彝族社会的最高组织形式，是以"家支"为基础的，但其中大部分是亲属，而不是"远亲"，既维护家庭财产分配，又维护家庭和家庭的利益。因此，彝族"家支"制度指的是以权力和义务为根基，以习俗制度为准则的社会组织形式[42]。当"家支"中的成员之间发生冲突或欺凌事件，"家支"成员都应该在场，而在这场激烈的战斗中，如果"家支"中的成员被抓获，所有的"家支"成员将设法挽救他们。但是，同一"家支"的所有家庭成员有着共同的利益和冲突，需要内部关系的协调和"家支"支持与团结的巩固。彝族"家支"文化体系和"家支"支持体系以其深厚的文化形态和社会心理，具有深刻的社会性和人文精神。可以说，彝族的家族分支不单纯被视为一种社会组织，"家支"制度涉及彝族的伦理文化、宗教文化、历史文化、社会机制和经济规律，在彝族的家庭活动和文化体系中，融合了彝族伦理、宗教、血统、经济、教育的文化机制，是维系彝族社会组织的无形体制。于是，彝族传统教育经典《玛牧特依》中说："依靠和维护家族。莫离家族去，保护靠家族，要离家族去，如手指离掌去，袖子离衣去，苟活汉区去（认为赶离彝区去汉区是最大的家族处罚），来客无人帮，杀敌无人伴，一生苦不尽。"[43]

（2）婚丧嫁娶

彝族婚俗独具特色。彝族姑娘出嫁时一般要唱《哭嫁歌》，歌词丰富多变，有即兴的临时发挥，也有代代传承的传统唱词，其中《妈妈的女儿》则是最具有代表性的流行哭嫁歌，新娘可以通过不同形式的哭唱，从而表达出心中对家的依恋，或者对嫁给心仪夫君的喜悦，然而一旦此时新娘若是不会唱哭嫁歌，就会引来村民们的讥笑。

---

[42] 徐铭．凉山彝族的家支与德古的结构与功能［J］．民族学刊，2017：15.

[43] 吉格阿加．玛穆特依［M］．昆明：云南民族出版社，2005：15.

出嫁前夜亲朋好友会在新娘住宅的院子里，用树枝搭建青棚，在地上铺垫青松毛，在彝族聚居区的传统婚俗中，娘陪同新娘在青棚过夜，新婚当天离开新娘的房间。有的彝族姑娘因“哭”得比较好，将大家内心深处的喜怒哀乐表达出来，这样的唱词会被记录下来，经过代代的加工和修改，在彝族人民内部广泛传唱代代传承，于是经过历史的沉淀，彝族文学史上最为闪亮的明珠，最富有生命力和感染力的抒情长诗《哭嫁歌》随之诞生，成为在彝族传统民族文化上不可分割的一部分。[44]。彝族的婚俗主要实行严格的民族内婚、等级内婚、家支外婚、姑舅表优婚和姨表不婚等制度，而且还保留着抢婚等形式。在旧时代，男方对女方有心意，就会自行带上亲朋好友，在事先通知或下聘礼的情况下，通过野蛮暴力方式去女方家抢亲，抢亲结束后，则会通过男方女方家庭长辈的沟通达成谅解后才算正式结婚。随着时代的进步和发展，这种暴力抢亲的婚俗活动已经逐渐消失，现在则多为男女双方家庭通过说媒沟通、提前下聘的方式，只在婚礼的行进过程之中参与表演友好的“抢婚”形式，以表达对新婚夫妇的祝福。[45]

此外，由于彝族信奉“万物有灵”的观念，因此丧葬习俗也是彝族习俗中的重要组成部分。在彝族人民的眼中，祖先生前辛勤养育后代，逝世后继续保佑后代健康繁衍，因此彝族人认为活着的人，必须要给逝去的先辈多带一些“物魂”，使先辈的灵魂在阴间能够衣食无忧不再受穷。所以，彝族人民在丧葬期间，需要准备大量的牛羊和五谷，让先辈的灵魂在阴间保持富有，不要把前世的怨念和贫穷带到来世，即便是子孙后代入不敷出债台高筑，也要更多地献祭给先辈的灵魂，准备牛羊五谷去殉葬。彝族古语有云：“父欠子债是为儿取妻，子欠父债是为父送葬安灵”，彝族人民通过送灵这样的民俗活动，举行这样的仪式来感恩报答先祖，祈求祖灵归宗并得以永生，避免沦落为凄惨落魄无依无靠的游魂野鬼而被人驱赶，通过祖灵在祖界的团聚，让先祖之灵永久地享用子孙后代的香火供奉。彝族传统葬礼仪式，不仅仅是代表人生礼仪的终点，同时也是一种生与死的诀别，凉山彝族的“三魂观”，更是标志着生命的轮回，是沟通此岸与彼岸的通道。若彝族人的双亲逝去后，子孙会选择良辰吉日，举行彝族社会中最具有影响力的宗教仪式来超度亡灵，从而使彝族祖先的亡灵能够在灵魂聚集的乐土获得快乐的生活，即便是在另外的世界，也能实现美好和谐的精神满足，这也

[44] 何虑．女性的歌—凉山彝族婚俗音乐的“哭嫁歌”［J］．大众文艺，2011（3）：140.

[45] 高国镕．彝族婚俗［J］．科技与经济画报，1997（4）：113.

是彝族子孙对于先祖尽孝行为的最好体现。[46]

(3) 岁时节日

岁时节日民俗是指在各种节庆日举办的各类民俗活动。在彝族社会民俗中最有影响力的是岁时节日民俗，由于彝族有自己的天文历法和时间，因此彝族有很多属于自己的节日，并且形成了丰富的节日民俗，如被列为国家非物质文化遗产的火把节、彝族年等，如今已经成为彝族人引以为傲和被彝区各族人民传承的重大节庆。

彝族火把节是彝族人民祈求丰收、祛邪祭祀的不可或缺的民俗内容。关于火把节的起源，有许多可供参考的传说故事，与原始社会对于火的自然崇拜有着密不可分的直接关系。农历六月二十四日或者农历六月初六，云南或者贵州的彝族人民要么到田里宰鸡来祭祀信仰的田公地母，有的则会选择宰杀猪牛羊来祭神祭祖。火把节正式开始之前，会由彝族当地住户的一家之主点燃各自家中自制的火把，站在屋顶上面用火把照亮屋内的每一个角落，同时在口中不停念叨着祝词，内容一般为期盼全家身体健康、幸福美满、出入平安和烧掉一切不吉利的不洁之物、祈求来年五谷丰登风调雨顺等等，然后自行经过自家的猪牛羊的圈，加入到村民的火把行进行列之中。之后，彝族人民围绕着熊熊燃烧的火堆载歌载舞，通过各种各样不同形式的集体舞蹈，来表达自己心中对未来美好生活的祝愿，同时也是年轻男女们展现自己风采的最好时机。随着社会经济的不断发展，火把节时至今日的民俗活动内容变得更加丰富多彩，添加了许许多多的娱乐体育竞技项目，比如射箭、舞蹈、对唱、斗牛等等，甚至有的地方，还发展起了不同形式的民族文化特色商业贸易活动。由于火是彝族追求光明的象征，因此火把节一般都非常隆重，是全部彝族人的盛典。

彝族岁时节日的一个重大民俗活动是彝族十月年。每年农历十月初一前后几天，彝族人民都会提前上山砍好过年烧水煮饭用的木柴，准备好过年所需要的各种点心食物，在过年期间，各自都有不同的彝族传统民俗的活动内容。第一天中，彝族人民要点烟火。清晨时分，彝族人民每家每户中袅袅飘升起来的轻烟，代表着彝族人民对祖先灵魂的呼唤，期盼祖灵归宗与子孙后代共度新春佳节。每家每户还会宰杀年猪，彝族人民全村都会欢天喜地地簇拥着村里的杀猪能手前来到各家各户来宰杀年猪，并且会依据族中辈分的顺利，来挨家挨户宰杀年猪过年。待宰杀年猪之后，一家之主会取

---

[46] 王美英．凉山彝族丧葬仪式与表征研究［J］．西南民族大学学报（人文社科版），2016（10）：47.

出一部分猪肝或其他内脏，用来祭祖祭灵祈求来年平安。第二天中，彝族的孩子们会在一起做游戏，而年轻的男男女女则会盛装打扮聚集在一起表演才艺，载歌载舞地进行各种娱乐活动，中年彝族人则会三五成群地前去村里的各家各户恭贺新年，中年妇女一般都会留守在家中招待前来拜访的客人们。第三天中，彝族人民会很早起床，做好热饭热菜来恭送先祖灵魂回归祖牌，同时也会为祖灵准备好回归时所需要的盘缠，彝族男主人在送祖灵时，会祈求先祖保佑家庭成员身体健康、来年风调雨顺兴旺发达。

除了火把节和彝族年，彝族岁时节日不胜枚举。云南峨山、巍山彝族在每年十月秋收后择吉日举行新米节，家里如果有出嫁的女儿或者是已经成家的儿子，会选择在这一天带着新米等一系列礼品到家里与父母团聚，以此感谢父母的养育之恩。广西隆林彝族每年农历五月十六的时候举行祭公节，人们会到三岔路口等交通要道祭祀祖先，祈求五谷丰登、人畜平安。此外，彝族还有赶花节、赛装节、赛美节等种类丰富的节日民俗。

(4) 日常生活

彝族在日常生活中非常热情、豪爽，尤其体现在接物待客等场合，形成了丰富多彩的生活民俗样式。当客人到家做客时，主人一般都会献上坨坨肉和转转酒。如云南彝族典型的待客礼节三道酒就是颇具特色的生活民俗。第一道酒名为“栏门酒”，当客人来到主人家口时，主人需要亲自前往门口迎接客人，此时事前准备好的彝族人民，吹响唢呐长号，弹奏民族乐器月琴，载歌载舞欢唱迎客歌曲，客人一下马，则会有美丽的彝族女子献上一杯美酒，此时酒杯内若放置木叶，客人则需要立即回赠高歌一曲谢酒歌。第二道酒，名为祝福酒，主人在酒宴上，积极热情地向来自远方高贵的客人献上两杯美酒，敬酒的同时主人要唱一曲祝酒词。彝族人民代代相传的酒歌有着独特的曲调，内容情感饱满富有感染力，既有传统的唱词，也有主人临时的即兴发挥创作，同时也会依据客人的身份，歌唱一些赞美、祝愿的词曲。敬酒歌形式多样，可独唱也可合唱。第三道酒，名为留客酒，当客人酒足饭饱准备离开主人家的时候，主人送客直至门口时，邀请客人饮下这离别前的最后一杯美酒。敬酒时，同样需要现场鼓瑟齐鸣、唢呐长号吹奏起留客的音调，宴会男女载歌载舞，主人为表达对客人的祝福和牵挂，需要主动唱送客人的酒歌，客人若要启程离去，则必须要把这杯酒喝掉。三道酒之礼代表了云南楚雄州彝族人民接待身份高贵客人的最高礼仪。

彝族“拜干亲”习俗迥异。彝族传统民俗活动之中，有一项名叫“拜干亲”的传统习俗，具体来说，就是在孩子1周岁之前，如果小孩经常生病、夜哭、体质孱弱气血不足的话，为避免小孩夭亡，父母要选择良辰吉日，带着小孩，用树枝搭一座小桥在行人必经之路上，此时如若有谁第一个经过此地，则拜其为干亲；假若也是小孩第一个到，那么这个小孩的父母就要成为干爹干妈。并且通常都会当场举行正式严肃的拜亲仪式，设宴好酒好菜热情招待，此时的干亲需要为小孩再取一个新的名字和送上祝福小孩健康成长的礼物。万一当时干亲身上确实没有拿得出手的惠赠之物，那也需要拆下自己的一颗衣扣以表祝福。并且对于这一民俗行为，过路人遇到此事，断然不能拒人于千里之外，在彝族人民眼里，拒绝这样的请求是非常失礼的行为。拜亲仪式结束之前，干亲需要抱着小孩，来来回回反复走过路中小桥三次，祈求孩子今后百病不侵、健康成长，礼毕之后，干亲需要时不时前往孩子家作客，在今后的生活中继续保持良好的沟通和往来。

4. 语言艺术

语言民俗是指人们在生产和生活中通过口语约定俗成，并且能够集体传承的一种信息体系。彝族语言是不可再生资源，语言除了交流的作用以外，还承载着维系感情、传承历史、播撒文明的功能。语言民俗由民间语言和民间文字两部分组成。语言是文化的载体，而彝族语言在每个地区都存在方言的差异化。这里所指的彝族语言民俗是指在彝族聚居区世代传承，为彝族人民生产生活实践中使用的语言或文字。

（1）文字

独立的文字系统是一个国家进入文明社会的重要标志，而彝族自古就有独特的古代文字体系。彝学老专家马昌达先生认为，彝族地区的文字不受汉字影响，具有独创性、民族性。彝族文字活用发展，活态传承数千年悠久历程，比之世界很多古文字失传，彝文当属人类文字史上的奇迹。据《一统志》新旧《云南通志》《天启滇志》《滇系杂载》《大定县志卷十三》等方志记载汉唐之际的古彝文发展情形说："纳垢酋阿可者，弃职隐马龙州半筒山，撰爨字如蝌蚪，三年始成，字千八百四十有奇，号曰韪书，即今夷字。左翻倒念，亦有象形会意（六书）诸义"。文中纳垢酋是彝族古代工匠阶层首领。阿可其人是彝族第六支系默部始祖之后父子连名四十九世孙，有陇纳阿阔等同音异写。文中所言"撰"，不可理解为书祖创字，当解读为整理规范。在清代嘉、道之际生活于今列为国家级文物保护单位"大屯土司庄园"的恒部扯勒氏（即奢香夫人家族后裔）余家驹赋诗内容中，可获彝文活态传承情形之深刻领会：

《听谈夷书》

苍莽夷寨乱山中
中有白发老夷翁
左翻倒念踶书字
手写口训授夷童
我本夷人解夷语
字虽未识义能通
命翁一读我试听
其义皆与经籍同
始信人生性本善
华夷虽异理无殊
我闻当年始造字
创自古夷名补哺
其人应是大贤圣
故能垂范类典谟
别开教化西南土
仓颉而外文字祖[47]

有位叫廖曼夫的前人书一条幅说“洛苏文字系一音一字一义，且多象形，与三代古文相近。言文一致，字句精炼，惟翻译不易，及至勉强译出，神韵已失。此端赖彝汉语文学家之努力耳”。廖曼夫识丙戌之秋时在洱水之涯东嶽古刹（印）。这位廖先生，不知在哪轮花甲的丙戌岁，就对彝文和古籍翻译有如此精确的领会。当下的彝民族，应当在努力守护、传承本民族文化精品进程中，运用古彝文献中承载的各学科历史信息来解读本民族万年文明密码，在祖国56个民族中闪现彝族文化的独特亮点。

（2）语言

语言是交流的重要工具。彝语属于汉藏语的彝语分支，汉藏语包括藏族、彝族、景颇族、缅甸、藏语等藏缅语系。彝族地区的人们大部分使用彝语，彝语涵盖彝族地区人们生活的各个方面，生动活泼，灵活活泼，形式多样，语言优美，功能齐全，包

[47] 陈世鹏．彝族诗人余家驹和他的美学观［J］．贵州民族研究，1998（2）：100.

括格言、谚语、典故等，涉及面非常广泛。彝语是一种非常富有诗意的语言，既表现了语音和语调的变化，又表现出丰富多彩的表现形式，充满了诗意和韵律之美，如“克哲”便是彝语诗歌文化中最丰富、最灵活、最有趣的语言形式，两人交谈或合唱，不但能继承传统，而且即兴，巧妙，活泼，生动。随着经济的发展，彝族人民在改革发展的大潮中辛勤劳动、繁荣昌盛，逐步告别农业，搞科技生产，发展各类产业，彝族聚居区的经济社会生活发生了翻天覆地的变化，但彝族纯朴善良、勤劳勇敢、热情好客、豪迈耿直的特性并未改变，承载着彝族厚重文化的语言还在许多村寨广为使用，彝语成为彝族区别其他民族的标志，也传承着彝族特有的文化基因。

（3）民间文学

彝族传统民间文学是彝族民俗文化中不可或缺的重要组成部分，韵文体和散文体这两种形式构成了彝族民间文学的主体，它们各自的体裁分类也是多种多样各不相同。比如英雄史诗、言语、抒情长诗是韵文体裁的特色，而寓言童话、神话传说则是散文体裁的特征。尽管彝族传统民间文学具有丰富的内容，但在漫长的历史阶段来看，是一直处于弱势地位难登大雅之堂，直到新中国成立以后，随着中国共产党开明的民族文化政策不断的实施，彝族人民代代相传的文化珍宝重新焕发了生命的活力，甚至彝族传统历史存在的一些口头文学作品也通过不断搜集和整理，得以编纂成文字书籍形式呈现在世界人民的面前。现当代，彝族人民的民间文学最重要的来源是布摩家代代珍藏的文学典籍，另外一个重要来源则是彝族民间代代传承的口头文学，比如各种类型的诗歌，以及不同体裁的史诗等。[48] 散文体裁作品主要有创世神话、创世史诗、创世歌谣等祖源神话类的作品，代表作品有《天地祖先歌》《彝族古歌》《洪水纪》等等，而《天地祖先歌》《梅葛》《查姆》《阿细的先基》《勒俄特依》一起被称为彝族的五大创世史诗。[49] 韵文体裁作品主要有彝族英雄史诗《支嘎阿鲁传》《支嘎阿鲁王》《夜郎史传》《益那悲歌》等，《支嘎阿鲁王》15000行的长度堪比《荷马史诗》中的《奥赛罗》。此外，还有以《阿诺楚》《米谷姐喽啥》《红白杜鹃花》《阿诗玛》等，《阿诺楚》是目前发现的最长的彝族古代叙事长诗，有彝文五言诗和汉译五言诗将近10000行。[50]《阿诗玛》刻画了阿诗玛和阿黑这两个英雄人物的坚强智慧的性格，

---

[48] 李光彦．彝族文学浅谈［J］．楚雄师专学报，1986（7）：65.

[49] 黄龙光．彝族民间歌谣及其歌诗传统［J］．民间文化论坛，2010（8）：11.

[50] 王明贵．贵州彝族文学的分期、分类及文本存在状况［J］．毕节学院学报，2011（7）：22.

反映了彝族人民勇于追求幸福生活的赞美，该长诗善于运用比兴手法，凸显山歌特点，充满了人文浪漫主义情怀和浓厚的乡土生活气息。彝族民间文化具有较高的文学艺术价值，绝大部分彝族叙事诗折射勤劳朴素彝族人民对于自由生活的追求和美好生活的向往，敢于向邪恶势力亮剑的高尚情操。

二、彝族民俗的特点

1. 民族性

彝族民俗是彝族文化的重要组成部分，具有文化独特性特点。彝族民俗是彝族人民创造和传承使用的民俗文化样式，它是彝族先民智慧的结晶，是彝族人民的思维方式、精神信仰、生产生活方式的集中表现，是彝族文化中的重要因子。当然，彝族民俗也是中华民族文化中不可或缺的一部分，亦属于全球文化宝库的珍贵文化资源。彝族民俗表现形式多种多样，彝族人的穿着打扮、建筑建造特色、节日庆祝、婚丧嫁娶等各类习俗，承载着彝族先民传承下来的文化精神和民族精神，由此我们便能从彝族的民俗文化中感受到彝族民众整体的生活习惯和行为方式，这些习惯和行为反过来又构成了彝族独具特色的少数民族文化。彝族在长久的历史过程中，已经形成了独具自身民族特性的风俗习惯，并且与其他民族表现出了本民族的独特性。与汉族相比，彝族自成一体，形成了属于本民族的语言文字、民俗风情、生活习惯；与苗族等少数民族相比，彝族在信仰、服饰、饮食等方面也均表现出了自身的特色。仅从服饰上来看，苗族服饰与彝族服饰有着很大的差别，苗族尤其喜欢首饰，首饰的质地及造型都非常丰富，有金饰、银饰、铜饰、玉饰之分，在造型上也有鲜明特点，项圈有轮圈、扁圈、盘图等，耳环有瓜子耳环、石榴耳环、梅花针耳环、圆圈耳环、龙头耳环、粑粑耳环等，而彝族的不仅佩戴首饰，更注重服饰图纹。正是从这个意义上说，彝族民俗具有浓郁的民族性，体现了彝族人的民族风情和特色，体现了当地人的生活习惯，有着民族强烈的民族认同感以及蕴含着本民族的世界观、人生观、价值观，维系着彝族的稳定和发展。

2. 地方性

民俗总会受到地理环境的影响，具有地方性特征。“百里不同风，千里不同俗”形象地说明了地域差别对风俗造成的影响，即便是属于同一个民族的民众，在山川地势等环境的影响下，一山之隔便有可能会形成两种不同的风俗习惯。一般来看，每个民族由于长期生活聚居不同的环境下，受到自然环境、地理环境等方面的影响，会形成不同的民俗，中华民族56个民族不同的民俗文化便是如此。彝族主要分布在云南、四川、贵州、广西等地区，长期生活在不同地域的彝族人受到自然环境、文化氛围等各方面的影响，民俗呈现出了一定的地方性特点，仅仅是彝语就有着北部、东部、南部、东南部、西部、中部6种方言。同其他少数民族相比，彝族的民俗地方性特点较为突出，在我国的西南地区生活着很多少数民族，尤其是在云南、贵州等地区，苗族、布依族等少数民族就是典型代表。以苗族为例，虽然共同生活在同一片区域，但是苗族却形成了与彝族完全不同的民俗，表现在图腾崇拜方面，苗族地区主要是龙为图腾，不同地域的苗族对龙的崇拜有差异，贵州黔东南苗族地崇拜“招龙”，湖南湘西地区崇拜“接龙”，云南屏边、砚山、麻栗坡等地崇拜“祭龙”等，而彝族在不同的地区有的崇拜龙，有的却崇拜虎，甚至有的地方还崇拜鹰。因此，从地理环境论的角度看，与苗族图腾崇拜的差异以及民族内部自身民俗差异的角度来看，彝族的民俗具有很强的地方性特点。

3. 传承性

民俗的传承性在对民俗学的研究中已经成为了学者们普遍认可的共识，民俗的传承性主要指的是“民俗文化在实践上传衍的连续性，即历时的纵向延续性；同时也是指民俗文化的一种传递方式。”[51] 而且正是由于民俗具有传承性的特点，从而才能使得民俗文化的传承能够跨越时空的限制而成为一种时空文化的连续体。彝族在长期的生产生活实践中创造出语言文字、天文历法、节日、信仰崇拜、饮食、服饰、建筑等各类彝族民俗，在农耕经济时代为彝族民众的日常生产生活提供了一定的指导，虽然经历了时间的流失，彝族中的大多数民俗在实践中为大众接受并经过不断的创造而传承。所以，彝族民俗一般都是先民们通过长期的生产生活实践总结而来的，用以指导后代生产及生活的顺利开展，同时民俗中也会包含着对于亲属关系、长辈、祖先等禁忌，以达到教化彝族民众之目的。虽然彝族的生产生活习惯伴随社会生活的变迁发生较大改变，然而自从彝族先民时期形成的民俗文化已经渗透到了彝族人民的日常生活中，并且在整个彝族社会生活中形成了一种文化氛围，民俗文化就在这样的氛围中代代相传。

---

[51] 钟敬文主编．民俗学概论［M］．上海：上海文艺出版社，2004：13.

第三节 彝族民俗的职能与思想政治教育功能本质一致性

彝族民俗是彝族民众在长期的生产和生活实践中形成的文化样式，其内涵丰富，是彝族民众生产生活要求的真实写照，保障和推动了彝族社会生产生活的发展，促进彝区社会稳定，丰富彝族人民的生话，增强了彝族的民族凝聚力和向心力，其职能与思想政治教育功能具有本质的一致性。

一、反映社会生产生活活动发展的基本要求

生产生活活动是彝族民俗得以发展的基本前提。彝族丰富多彩的民俗既是彝族人生产生活成果的结晶，同时也是彝族人社会生产生活中不可缺少的一部分，是彝族人化自然的结果。正如桂翔教授在《文化交往论》指出的那样："茫茫宇宙，浩瀚无垠。自从有了人类，有了人类的活动，这无始无终的宇宙就被二重化，一个是自在的自然世界，另一个就是作为人的活动产物属人世界，亦即文化世界。"[52] 彝族民俗来源于生活，又能够启迪生活，而且在彝族的民俗文化中还蕴含着丰富的文化和思想政治教育资源。思想政治教育跟社会生活之间也有着不可分割的联系，一方面思想政治教育来源于日常的社会生活，同时思想政治教育自身也需要不断地融入到社会生活中，与社会生活有着互相作用的关系。因此，彝族民俗和思想政治教育具有功能上的一致性，反映了社会生产生活的要求。

从一般意义上说，思想政治教育和社会生产生活之间有着辩证的关系。一方面思想政治教育来源于社会生活，社会生活是思想政治教育的基础和前提；另一方面，思想政治教育又对社会生产生活活动产生着作用，影响着社会生产生活。[53] 思想政治教育不仅仅单方面被动受社会现实生活的影响，它在某种程度上也能对人们的社会生活产生引导或者渗透，比如在社会宣传、思想意识形态和社会文艺熏陶等方面，对人们的思想道德水平和行为举止水平的影响也表现显著。因此，思想政治教育一直以来都是和社会生活紧密联系在一起的，而且一直以来先人们也通过各种方式努力实现思想

[52] 桂翔．文化交往论［M］．北京：人民出版社，2011：59.

[53] 马程程．论思想政治教育融入社会生活的作用机理［J］．思想政治教育导刊，2016（12）：95.

政治教育和社会生活的融合。例如，在古代社会，古代的先人们通过“宣扬天命”以及“道德教化”等方面将思想政治教育和个体教育、社会教育联系在一起。而在中国发展的不同阶段，思想政治教育也是和社会生活紧密在一起，如社会主义革命时期会通过整风运动等加强对人们思想政治的教育，而在改革开放之后，则会通过弘扬中国传统文化教育、培养民族精神的教育等方式引导人们开展社会生活，并实现对民众思想政治上的教化作用。

彝族民俗是彝族在特定的自然环境和社会环境条件下，经过对生产生活的长期经验总结而形成的一种生活方式，反映了彝族的生产和生活的要求。彝族民俗实质上就是彝族民众的一种生活方式，是在彝族民众日常生产和生活的实践中而形成的，彝族民俗总是与当地人的生活息息相关，彝族人生活到哪里，便把彝族的民俗带到了哪里，只要是有彝族人生活的地方，通过人们对于生活和生产方式的总结提炼，便相应地形成了民俗。而彝族的民俗作为本民族文化的重要组成部分，也总是与彝族民众的生活紧密关联，相依相随的。只要是与彝族人生产生活方式相关的方面，如衣食住行、物质生产、精神生活、节庆假日、文化心理等等，都可以看到彝族民俗的存在。因此，彝族民俗是在民众日常生活中逐渐而形成的。例如，彝族宗教信仰以及祭祀活动等方面形成的民俗就是在当地生产活动的基础上而形成。在彝族先民的生活的远古时代，由于对自然认识不足，人们的生产活动在很大程度上会受到自然环境的影响，而彝族民众认为神灵无时无刻都是存在的，为了祈求神灵的庇佑，保佑彝族的生产生活顺利进行，保佑后代子孙，彝族便产生了对自然的崇拜以及对祖先的崇拜，为了使得祖先不会被野兽等打扰，彝族还会时不时举行祭祀活动保护和告慰祖先。也正是由于这个原因，彝族还形成了对家庭中最近三代祖先（曾祖父母、祖父母、父母）的近祖崇拜习惯，也就是彝族原始宗教历史上一直沿袭至今的“中心形式”表现的“祖先崇拜”，它与新的“中心形式”具有重要区别。彝族发展史上主要代表有母系氏族、父系氏族，村社部落等等，它们都是以血缘或民族为基本单位，是不断递变存续至今的标志。并且两种中心形式的核心都是祖先崇拜，它们各自的性质和内容，甚至对社会生活产生的作用也基本相同，于是旧的中心形式，伴随着历史的发展，旧的社会基础自然崩溃的时候，新的中心形式传承旧中心形式并继续生存便成为历史的必然性。

彝族近祖崇拜主要是在以家庭为生产单位的个体小农经济社会基础上产生的，反映了当时的生产和生活要求。随着传统农业经济的发展，农民在拥有土地和人身自由后，在社会关系上也主要以祖孙三小家庭为主，原有的宗亲制度已经不符合当时的社会生产生活要求，家庭的共同劳动和彼此照顾不仅凝聚了整个家庭的感情，而且也使家庭财产能够顺利在代际之间进行。由此可以看到，彝族民俗和社会生产生活有着紧密的关系，很多民俗反映了社会生产生活的实际，而这一点正好与思想政治教育有着貌合神似的一致性。思想政治教育虽然是通过精神上加强对民众社会生产和生活的引导，但是思想政治教育也是来源于实践生活，并且通过积极融入社会生活来保证思想政治教育功能的发挥。因此，彝族民俗在反映社会生产生活的要求方面，与思想政治教育存在着内部的一致性。

二、保障社会生产生活活动的有序发展

彝族民俗保障了生产生活活动得以延续和发展。彝族民俗来源于社会生产生活，反映了社会生产生活的要求，同时又参与了彝族民众的日常生产生活，并通过彝族民俗举行的活动充实了彝族民众的生产生活，为日常的生产生活提供了一定的引导，进而保证了社会生产生活得以可能。而思想政治教育与社会生产生活有着密切的联系，在深深扎根于日常生产生活的同时，思想政治教育也通过精神层面上的引导和教育，对民众的日常行为进行规范和教化，从而也保证了社会生产生活正常持续的可能性。因此，彝族民俗在保证社会生产生活活动正常进行方面与思想政治教育职能具有一致性。

思想政治教育规范着社会生活，但同时思想教育也担负着传承传统文化、保证社会生产生活的持续进行以及创新生产生活方式等方面的主要职责。[54] 首先，思想政治教育犹如一把能启迪人们打开生活艺术大门的钥匙，它会主动引导人们对新的生活，用开阔的胸怀、乐观的心态、阳光的性格去拥抱生活、参与生活、珍惜生活，不断陶冶人们的情操，开发新的生活情感，发现独特的生活情趣。其次，思想政治教育对人们的价值观以及人生观，有着重要的引导作用，通过不停关注当代人们的生存状态和生活方式，帮助和指导人们不断追求幸福的生活方式，促使人们跳出当前的生活，向着更加高层次的生活不断前进。因为生活的价值和意义，就是不断的奋斗和进取，而不能始终停留在前人留下的足迹上。思想政治教育要指导人们作为社会成员的个体，

---

[54] 王香灵．论思想政治教育与社会生活的融合［D］．山东：山东师范大学马克思主学院，2007：1.

要如何在自身道德规范的实践中加强对社会成员的认同感和归属感，从而提升自身作为社会成员的幸福感，努力在自身存在的社会现实基础上实现超越。再次，思想政治教育传承的人类文化，是经过不断的反思、浓缩、归纳、总结的结果，它确保了下一代人们通过对先人社会生活的思考，使当代人们自身确立最符合当代社会生活方式和生活理念。思想政治教育传授和给予人们生活的基本知识和技能，教育人们对于生活思考的智慧，赋予人们创新生活方式的能力和探索人生价值意义的勇气。思想政治教育传承传统优秀文化，保证社会生产经验和技能、传统风俗习惯和道德理念的代代延续，用社会主义核心价值观引导人们的现实生活方式，促进人们确立人生目标追求幸福理想生活。

彝族民俗与思想政治教育保障生产生活活动有序发展的职能保持一致。思想政治教育能够通过传承社会生产生活技术、促进社会和个体的发展以及推进社会生产生活创新等方面的作用，保证社会生产生活活动能够得以持续进行。彝族民俗在彝族民众日常的社会生产生活中也有凝聚民族团结、促进民族稳定、保证社会生产生活可持续性的作用，具有和思想政治教育的一致性功能。众所周知，民俗存在的意义就是服务于人类的物质满足和自身再生产，虽然民俗主要产生于社会生产生活，但是民俗产生之后对人们的生产生活也起到了一定的反作用。彝族民俗产生之后成为了一种生活上的贡献，是人们对于自然和社会的认知，是人们建设社会秩序的重要工具，如婚丧习俗、生产习俗、商业习俗等都具有维护社会秩序的功能。此外，彝族民俗作为一种生活的沉淀，在很大程度上影响了民族的性格、思维方式、伦理道德等，对民族文化的形成和发展有着重要的影响。因此，产生于彝族民众日常生产生活实践基础上的民俗，对彝族人的生产生活也有着一定的反作用，彝族的生产民俗等保障和推动了彝族社会的生产生活发展，语言民俗、文字民俗等又起到了维护彝区社会稳定，丰富彝族人民的生活，增强民族凝聚力和向心力等方面的作用。

在彝族民俗的各种活动中，最具有代表性的就是彝族天文历法在保证社会生产生活稳定和持续发展上的作用。彝族先民最早按北斗星的斗柄上指、下指来定大寒和大暑两个节气，后来成为彝族人传统的星回节和火把节，他们观测太阳一天行一度，一年行三百六十五度又四分余，从而创制了彝夏太阳历。[55] 在彝文古籍《土鲁窦吉》，汉

---

[55] 毕节地区彝文翻译组．西南彝志（卷一）［M］．贵阳：贵州民族出版社，1988：31.

名意译为《宇宙生化》中对彝族天文历法有详细的论述。在该书中，分别介绍了彝族以十个月为一年的历法、以十二个月为一年的历法以及彝族先民天干地支及数理、哲理，推论天地人产生的层次和宇宙发展规律三部分的内容。在论述中，有"五生十成""十生五成"的独特理论。[56] 通过对五行论的研究，进一步形成了"彝族十月星历"的理论：即建寅为人统，月份从寅算起，顺推到戌月，只有九个月，亥子丑三个月之数，根据一分为三，合三为一的理论，归并于中央，定为一个月，春夏秋冬，四季变通，生成季夏，即四方退位归并凑合中央之数。而之后，刘尧汉教授通过对北斗星斗柄指向定寒暑定年节的研究，形成了"彝族十月北斗历"。依据《五生十成》图的论述，彝族还形成了十二月历法，认为建子为天统，以子午定为阴阳交界，月份从寅起，顺推到丑月为一年终结，五年中有两个闰月。彝族的天文历法是彝族先民通过对自然的观察以及总结规律而形成的智慧，具有独特性和创造性，对于彝族社会的发展有着重要的意义。彝族民众根据天文历法来安排生产生活，并根据天文历法创造出了属于自己的节日和民俗，形成了丰富的节日民俗和民俗活动。通过对天文历法的研究，彝族民众有序安排劳作和生活，促进社会生产生活的持续进行，与思想政治教育在保证社会生产生活得以可能上具有较强的一致性。

三、伴随社会生产生活方式的发展变化

彝族民俗总是伴随着社会生产生活的发展变化而变化。彝族民俗是彝族先民在远古时期对生产生活经验不断总结而形成的，是彝族民众生产生活的直接体现。彝族民俗自从产生之日起就服务于生产生活，促进彝族社会生产生活的发展，维护社会的稳定，同时还是彝族民众维持社会秩序的有力工具。因此，从彝族民俗与社会生产生活的关系上来看，彝族民众的社会生产生活对于彝族民俗有着决定性的作用。彝族民众的社会生产生活与民俗之间具有紧密的、不可分割的关系。例如，彝族民众在对长期的生产生活中，不仅形成了服饰民俗、饮食民俗等物质民俗，还包括了彝族语言和文字等民俗。在彝族天文历法民俗的指引下，彝族人民形成了自己的时间周期，并根据这一周期进行生产和耕种。而在彝族祭祀习俗的影响中，彝族人民形成了对于神灵、对于祖先、对于亡灵的祭祀活动，并进一步形成了属于彝族的宗教信仰。

---

[56] 李卿．论彝族天文历法的独特性与彝汉文化的共同性［J］．毕节学院学报，2006（6）：18.

虽然彝族的民俗主要产生于传统社会时期，但是伴随着彝族社会生产力发展水平的不断提升和人们生活方式的转变，彝族民俗也伴随着生产生活的变化而变化。远古时期，由于自然条件较为恶劣、生存的条件极为艰苦，彝族民众对于科学的认知能力有限，形成了对于自然的崇拜并认为自然界万物都是有灵魂的观念，于是通过一系列的祭祀民俗活动祈求自然万物生灵的庇佑，保佑五谷丰登等。此外，在农业生产中，彝族民众对于自然规律认识不足，认为自然灾害等是自然界的生灵对于人类的惩罚，在农业生产中形成了形式多样的禁忌，如正月二十、二月初一、六月初一不进行农业生产等方面的禁忌民俗规定，等等。随着科学技术水平的不断提升，民众对于自然规律有了更科学的认识，也意识到了原有民俗中具有一定的封建和迷信色彩，因此也逐渐转变了对于自然和农业生产的认识，原有的彝族民俗活动也逐渐淡出了人们的生活。

任何一个社会都处于不断变化发展中，每一种文化都会根据外部环境与内部情况的变化而不断加以调整。在社会生活的时代交替中，彝族民俗也处在不断创新和发展进程之中。经济的不断发展又在不断改变着人们的生活和生产习惯，政治体制的不断更迭变化对经济生活的发展以及社会状况都形成了巨大的影响，并进一步改变了人们的精神风貌和思想观念。在这种社会变迁中，民俗像一个巨大的胃一样，将新社会环境下所形成或外来的生活方式、价值观念等营养不断吸收和消化，通过与已有民俗不断融合，将适合当时社会环境和文化的内容纳入到新的民俗文化体系中，从而对原有的民俗及文化进行创新和改革，已经不合适的民俗便被舍弃，完成民俗的自我变革和发展过程。换句话说，随着社会历史的不断发展，在经历过岁月的选择之后，彝族民俗也在经历着去其糟粕取其精华的过程，不断实现创新发展。例如在传统自然经济条件下由于无法对自然现象及规律进行科学解释而形成的自然崇拜及民俗活动，在现代社会下则不断衰落，民俗活动及文化也更加科学化，符合当今民众的生产生活习惯。再如中华民族传统节日深深根植于农耕文明土壤之中，当传统节日面临不与人民的生活紧密相关的严峻形势时，会通过一系列措施，比如进一步发掘传统历法节气、饮食、医学等的文化内涵，展现中华民族独具特色民族文化传统，这样使得民俗在新时代背景下获得新的生命活力和创新动力。

彝族民俗随着社会生产生活的变化而发展变化。以彝族的文字民俗为例，彝文是人类历史上最早发明的古老文字之一，彝文的产生时间甚至可以追溯到四五千年以前，系与甲骨文同源异流的古老文字。在殷商之前，彝文已经形成了比较完备的文字体系，并且在秦汉和魏晋南北朝时期得到了广泛的使用，彝族文字的产生之初是为了记录当地的生产生活，在民族内部更好地交流。随着生产力水平的不断提升，彝文也逐渐有了新的发展，尤其是在不同的地域，为了适应当地的生产生活，彝文开始出现了明显的分化。如云南、贵州的彝文仍然是保留了古彝文表意文字的特点，有象形、指事、会意、形声、假借等造字规律和用字方法，假借字比较多。而四川的彝文则向表音字的方向发展，尤其是经过了 20 世纪 80 年代的规范之后，四川的彝文已经变成了表音文字。[57] 此外，彝文不仅承担了记录彝族文化和风俗的载体，还在很大程度上承担了本民族对外交流和传播彝族文化的作用。从秦汉发展到宋代时期，彝文形成了更加规范的造字和规律，从而使得彝文能够成为彝族与其他民族进行商业活动和人际交往的工具。因此，彝族民俗基本上都是产生于彝族生产活动的需要，并且随着彝族生产水平的提升，彝族民俗也得到了一定的发展和扩散。

第四节　彝族民俗的思想政治教育功能特性

彝族民俗作为彝族文化独特的一部分，有着与其他民族思想政治教育的共性，更有自身民族思想政治教育功能的特性。值得肯定的是，一般的思想政治教育都是有目的、有计划、有专门的人员组织和机构来开展教育活动，在历史与现实中发挥思想政治教育功能，但是彝族民俗在发挥思想政治教育功能时带有自发性，更多的是通过潜移默化的民俗活动，在生产生活活动中依托丰富多彩的民俗活动对本民族进行教育教化，因而使彝族民俗呈现出具有自身民族特点的思想政治教育功能独特性。

一、作为一种思想政治教育方式的民俗

研究彝族民俗思想政治教育的一个内在前提，就是彝族民俗在历史和现实中一直发挥着思想政治教育功能。彝族民俗是以民间化的方式对彝族民众进行思想政治教育，它不仅在行动上指导着民众的行为规范，而且还在思想上对民众进行思想教育，并且通过民间文化和环境的熏陶，在潜移默化中实现对民众的思想政治教育功能，发挥民间意义的思想政治教育功能，被彝族人民认为是一种“隐性制度”。不同的彝族

[57] 王明贵．贵州彝族制度文化研究［M］．北京：民族出版社，2015：25.

民俗对于不同区域的人们的社会生活，有着不可替代的规范作用。比如风俗习惯、禁忌和戒律等各个方面，彝族民俗有着必须强制执行的行为规范，如果有人冒犯这些行为习惯时，会受到该区域社会各界的批评和惩戒。这种普遍的、严厉的道德约束力，早已渗入彝族人民的血液和日常社会生活的方方面面。

彝族民俗是彝族群众在长期的历史发展进程中积淀形成并接受的风俗习惯，集中反映了民众的思维方式和价值观念，是一个民族文化的综合呈现，融注着民族的文化精魂，是民族的精神家园和血脉，是思想政治教育的源头活水，对思想政治教育有着重要的启迪价值。习近平指出，“使中华民族最基本的文化基因与当代文化相适应、与现代社会相协调，以人们喜闻乐见、具有广泛参与性的方式推广开来”[58] 彝族民俗文化作为相伴相生的文化形式，对开展思想政治教育工作具有春风化雨、润物细无声的价值作用。思想政治教育是以教育人为核心的实践，主要教育人们的思想、观点和立场符合一个国家和社会所需要的世界观、人生观和价值观。将彝族民俗文化融入彝族地区的思想政治教育，让思想政治教育不再空洞，促进思想政治教育转化为人们自觉践行的民俗活动，发掘彝族民俗的思想政治教育价值，是当下创新思想政治教育的有效途径。

虽然彝族民俗能够作为一种思想政治教育的方式，促进彝族社会的民族稳定和团结，提升彝族的民族凝聚力和向心力。但是实质上，与专门的思想政治教育方式相比，彝族民俗思想政治教育作用的发挥并没有专门人员进行宣传，也没有专门的机构去组织。同时还要注意的是，彝族民俗的思想政治教育功能发挥也是非自觉性的，传统的思想政治教育一般都是在一定的目标基础上而发起的，由专门的机构对专门的人员进行有针对性的宣传教育，例如对高校大学生进行的思想政治教育，就会有专门的老师组织部分学生，并对他们进行专门的思想政治教育课程。因此，传统思想政治教育方式是有目的、有计划、有目标、有组织进行的，而彝族的民俗更多的是通过潜移默化的方式来发挥思想政治功能，而且还是通过民众之间口耳相传等方式进行传播的，没有专门的机构及人员针对特定人群进行传播，这是彝族民俗在思想政治教育功能发挥上与传统思想政治教育与众不同的特点。

---

[58] 习近平．建设社会主义文化强国着力提高国家文化软实力［N］．人民日报，2014-01-01（1）．

二、彝族民俗的思想政治教育特殊性

彝族民俗中往往蕴含着本民族独特的且相对稳定的生活方式、行为方式、思维方式，并且在宗教、服饰、节日、价值观念等民俗活动中体现了思想政治教育功能的特性。第一，彝族民俗的思想政治教育功能体现了民族性。彝族民俗是彝族民众创造和传承创新的文化样式，为本民族人共享和接受，在本民族中发挥教育教化的作用。第二，彝族民俗的思想政治教育功能体现了信仰性。彝族人深信“万物有灵”，把自然的一切人格化、神圣化、神秘化，衍生出祭山、祭水、祭花神等，彝族人崇尚龙、虎、鹰，形成了独具特色青、黄、白、黑、红的五色观念。正如索玛花被誉为彝族的族花的观念，代表着美好之意，而这些对自然和社会的崇拜和信仰，推及到对祖先的崇拜，自然蕴含了追思先祖、敬奉祖先、尊老爱幼等思想教育观念。第三，彝族民俗的思想政治教育功能体现了实用性。我们知道，任何一种文化都具有功用性，这是文化的共性，彝族民俗事象的许多具体活动均具有实用功能。从祭祀习俗、宗教故事到唱歌跳舞，从人生礼仪到服饰工艺，这些民俗的实体不仅仅是用来欣赏，而是负载着各自不同的实用意义，祭祀中传唱的许多内容多为彝族祖先的起源、对自然的认识，其目的在于教化彝族民众要追忆和缅怀先祖，加强对本民族的认同。歌舞、节日民俗等不是为了表演和举办活动，而是为了缓解劳动的辛劳和交流娱乐。服饰上的图纹既有审美的功能，也寓意彝族妇女的心灵手巧和贤惠能干，引起他人对自己的认可。第四，彝族民俗的思想政治教育功能体现了教育性。孩提时代，彝族长辈们便会通过多种多样的民俗形式对小孩进行教导，通过宣教或口口相传的方式，教导本民族小孩了解本民族的发展历史、文化等，引导他们形成正确的世界观、人生观、价值观，对孩子进行本民族文化教化和认知。如彝族教育后代，要想“荣华富贵，一要有风度，二要有气魄，三要有威风，四要有民心，五要有重望，六要衣食足，七要臣民欢，八要讲文朗，九是光明圣意，十要有圣德。要勤奋，需努力。勤奋加努力，长期莫松懈。阳光相照时，福禄自然显，大过乌蒙山，福禄显高位，如山顶苍松。”[59] 因此，彝族民众从小便开始学会如何处理纷繁复杂的各种关系，形成对本民族精神文化的认同，形成良好的民族性格和民族精神。在这种强大、覆盖一切民俗的影响下，彝族民俗得到了稳定发

---

[59] 龙正清 . 海腮耄启［M］. 贵阳：贵州民族出版社：153-154.

展和传承，民族精神得到了弘扬和灌输，民众的行为得到了制约和规范。彝族民俗所具有的强大思想政治教育功能，也在潜移默化中影响了彝族民众的思想认知、行为方式、道德观念、情感态度，进而使得民众能够自觉培养起较好的道德观念和意识，发挥了彝族民俗的思想政治教育功能。

尽管彝族民俗对于本民族的教育教化十分重要，能够起到规范民众行为、维护社会秩序、促进民族稳定团结、影响彝族民众思想认识等方面的功用，但是彝族发挥上述思想政治教育功能上具有一定的特殊性。彝族民俗更多地是通过民众日常生活中的点滴，通过潜移默化产生作用，而且与其他民族的民俗相比，彝族的民俗在思想政治教育上也有着一定的特殊性。以汉族为例，汉族的民俗内容同样较为丰富，在婚丧嫁娶、农业生产、岁时节日等方面都有着丰富的风俗习惯，而且，汉族人口众多，在全国的广大地区都有分布，本来影响力就比较广泛，很容易使得本民族的民俗成为全国范围内受到广大民众普遍接受的民俗。例如汉族的春节已经成为了全国性的民俗节日，而且春节假期也被规定为了国家的法定假期，让人们有时间去庆祝和团圆，全国上下人们都沉浸在传统节日民俗的熏陶下，极大程度上强化了人们的民族认同感。在这种氛围下就会相对比较容易发挥民俗的思想政治教育功能。然而，对于彝族民俗而言，彝族作为具有自身独特文化和民俗风情的少数民族，许多风俗习惯都和汉族等其他民俗不一样，尤其是彝族十月年等各类节庆活动，以其特有的民俗活动方式从彝族聚居区扩散，吸引更多的族人和其他民众参与，逐渐为人们认同共享和认同，在社会生活中凸显了内容和形式的思想政治教育特性。

第二章　彝族民俗思想政治教育功能的价值与作用

彝族民俗如同空气一样萦绕在彝族民众周围，潜移默化地发挥着塑造培育、熏染教化的思想政治教育功能和作用。彝族民俗是彝族人创造的，又是为彝族人传承使用的。长期的生产生活实践证明，彝族民俗在生产生活实践中发挥着规范调控、激励塑造、教育教化、优化调适的基本功能，在生活活动、生产活动、族际关系活动和德育活动中彰显出思想政治功能的实践价值，体现了培育个体与社会的一致性、强化民族认同和促进民族发展、塑造民族精神和民族品格的基本作用，具有思想政治教育功能意义上的延伸，是传统文化教育的活动载体、传承方式、主要途径和标识记忆，在彝族历史社会的发展进程中发挥了思想政治教育功能价值和作用。

第一节　彝族民俗的基本功能

功能一般指事物或某一种路径方法所发挥的效能及其功用。彝族民俗作为社会生活的文化事象，是彝族民众社会心理、价值追求、审美观念、道德情操和社会实践活动的重要呈现，对生活在彝族民俗氛围中的彝民族起着重要作用。当民俗成为一种文化的时候，就自然而然地兼具培育人、激励人和塑造人的功能。钟敬文先生指出：“民俗主要有四种社会功能，即教化功能、规范功能、维系功能、调节功能。”[60] 实际上，规范、维系、调节本身就是一种教育教化功能，笔者认为，思想政治教育功能应当被纳入教育教化的功能。立足不同的学科视野，对民俗文化的功能界定是不同的，民俗文化从产生的那一天起就带有功利价值，是经济社会发展在一定时期激发人们创造的文化形式，在社会发展的演进中嬗变调适，适应人们和社会发展的需要，具有规范调控、激励塑造、教育教化、优化调适功能。

---

[60] 钟敬文主编．民俗学概论（第二版）［M］．北京：高等教育出版社，2013：22.

一、彝族民俗的规范调控功能

彝族民俗的规范调控功能指的是彝族民俗在日常生活中所发挥的规范、调节、控制作用。彝族现有民俗大多形成于彝族的古代先民时期，虽然经历了社会生活及社会制度的变迁，但是承载着先人传承下来的行为习惯，并且还反映了彝族人的精神面貌特征，即便是到当代，彝族的民俗依然是彝族人社会生活中的一个重要组成部分，尤其是彝族的节日习俗更是彝族文化乃至作为彝族人作为自我身份认同的重要标志，发展成为人们共同接受的民俗活动，对人们的行为方式发挥着重要的规范作用，影响着人们的生产生活秩序以及社会秩序的构建。从彝族民俗在实践生活中的情况就可以看到，彝族民俗在现实中已经成为对彝族人日常生产和生活的行为规范，在更高层次上则具有很强的遵从要求和价值规定性。譬如彝族的结婚嫁娶、丧葬习俗使得彝族人较为完整地保留了先人习俗，行为上的规范统一进而在思想上对彝族人产生了某种制约和塑造，这种“不成文的习惯法”使得彝族在社会发展的进程中能够有效摒除掉其他文化或思想的干扰，保护本民族文化的精髓和特色，进而对整个彝族社会产生一种整合、凝聚与规范的作用。因此，彝族的民俗在现实中具有重要的制约调适功能，通过影响和规范彝族民众的行为，彝族民俗潜移默化中影响着彝族整个民俗社会秩序的建构，而且通过不断发挥彝族民俗对彝族社会的控制作用，彝族才能够保持自身社会的稳定，不断提升本民族的凝聚力。

二、彝族民俗的激励塑造功能

彝族民俗的激励功能主要是指彝族民俗对人们思想行为的激励和塑造作用。彝族民俗在社会生产生活活动中发挥了激励作用，比如彝族的祖先崇拜所衍生的各种祭祖民俗活动，通过祭祀彝族的英雄和先祖，激励后世人们要尊敬祖先，崇敬英雄，做一个懂孝道、求上进的有为之人。彝族教育文献《孝德篇》中说“上古的时代，道弥尼天下，彝族的六祖，传一十四孝，播四十八经，孝经造文明，在生不赠养，传为道德经。死后献祭牛，是献性之道。但有人会说，你父母孤苦。在生赠养好。安排妥后事，才是孝心人，算他有道德。在生不赡养，不问温和饱，不问寒和暖，不管吃与穿。如此不道德，这样无孝心，天地都不依”。[61] 彝族民俗的内涵非常丰富，既包含了物质民俗，还包括了精神民俗等内容，与民众的生活息息相关，且覆盖了民众生活的方方面面。在这种全面覆盖下，彝族民俗对民众的精神及文化产生了重要的作用，具有激励塑造功能，能够激发起彝族民众的民族自豪感和民族自信心。通过各种民俗活动的开展，更是促进了民族的有效团结，提升了民族凝聚力。此外，彝族民俗通过对民众日常各个方面生活的影响，在精神上塑造了彝族的民族文化和民族品格，增强了本族人民的民族认同感。无论是彝族妇女穿着的独具特色且历史悠久的民族盛装、十六只口袋衣、胸裙等服饰，或者风格独特的彝族土掌房、垛木房、闪片房等建筑习俗，亦或是形式多样的赛装节、彝族年、火把节等节日风俗，均使得彝族这一民族在中华 56 个民族中具有独特的魅力。[62] 正是这些民俗的激励塑造，才培育了彝族自强不息、热情好客的民族精神，使得彝族在经历过岁月的洗涤之后仍然能够散发出本民族的文化光辉。因此，彝族民俗不仅成为了彝族人生产、生活中重要的组成部分，而且成为激励彝族人民族意识和提振民族精神的思想政治教育财富，如打歌、跳弦、罗作、披毡舞等彝族舞蹈不仅反映了彝族人的精神风貌，更是对彝族古代英雄的一种怀念和祭奠，表示彝族人也将不会忘记古代彝族人的艰辛，反映了彝族人对美好生活的向往。彝族民俗活动中的重要事件和主要人物对彝族人民有积极的激励塑造作用。例如罗炳辉是一个彝族贫穷的农民家庭出生的孩子，虽然早年一直被霸权所欺凌，然而他决定参军，从最初的候选士兵成长为正式兵，然后投奔孙中山，后来加入了中国共产党，参加了抗日战争，并担任八路军副参谋长，担任过新四军第二师副师长及安徽省主席，罗炳辉艰苦奋斗、发愤图强、为国为民的奋斗精神激励一代又一代人们不断奋进。如今，支格阿鲁的传说、奢香夫人的理政方略、阿诗玛的聪明睿智、千年土司的传奇等，仍然成为彝族地区激励塑造彝族人民积极奋进的不竭动力。

三、彝族民俗的教育教化功能

思想政治教育本身就是培养个体与社会保持一致性，彝族民俗的教育教化功能同样如此。首先，彝族民俗在发展传播的过程中自然发挥了教育教化的功能。彝族民俗

---

[61] 龙正清．海腮髦启［M］．贵阳：贵州民族出版社：156-157.

[62] 王光荣．彝族民俗风情［M］．南宁：广西民族出版社，2012：96.

是集体智慧的结晶，是彝族人民在长期的生活中一代又一代不断补充、加工、完善的过程，这个过程就是生活在共同地域的彝族人民共同创造和传承的民俗文化，也是积极维护和推行民俗文化的过程，同时也是彝族人民不断被教化和被熏陶的过程。其次，彝族民俗在民俗实践活动中增强人们的自信。彝族民俗体现出的民族性、地域性、集体性和传承性特点总是通过各种民俗活动载体来完成，内容十分丰富，包括各种神话传说、民间戏曲、民间美术、交际礼节、人生仪式、娱乐游戏、艺术技能、信仰心理等等，这些民俗活动载体在吸引人们参与的过程中不断被更多的彝族人接受，逐渐转化为彝族人骨子里的文化基因，增强了彝族人民的自信心和自豪感。再次，彝族民俗教育塑造人们具备良好思想道德。彝族民俗不仅体现了彝族民众共同的心理素质、行为规范、习惯爱好等，还体现了整个民族的伦理道德、哲学观念、审美意识、风土人情等，广泛渗透到了彝族民众生产生活中，是一个巨大的思想道德教育宝库。同时，彝族民俗的教育教化功能也在经历着辨风正俗的过程。从现代科学的观点来看，虽然在彝族民俗中也存在着对自然的盲目崇拜等方面较为落后的不科学内容，但是我们同样需要正视并且重视彝族民俗的教育教化作用及功能。一方面，彝族民俗中所体现的对自然的尊重、对祖先的敬畏等习俗以及由此派生的各种民俗活动，教育彝族民众在生产活动中应尊重自然，在生活中应尊重祖先、尊老爱幼，影响着人们思想道德观念的形成；另一方面，通过民俗的社会生产实践活动，尤其是婚丧嫁娶、待人接物习俗等方面的影响，再加上传统家教家风家规等的影响，彝族民俗在潜移默化中仍让彝族人民不自觉地接受思想道德教育，起到了教育教化的作用。

四、彝族民俗的优化调适功能

民俗的调节功能是指通过民俗活动中的娱乐、宣泄、补偿等方式，使人类社会生活和心理本能得到调剂的功能。彝族民俗优化调适功则是通过开展一系列的彝族民俗活动，让参与活动的人们暂时告别繁忙的生产生活，缓解疲劳，调节心态，放松身心，体验民俗活动。彝族民俗活动具有娱乐调节的特质，在彝族聚居区，彝族民俗中传承下来的很多民俗活动，都具有浓厚的娱乐性质。尤其是发展至现代，彝族民俗所具有的娱乐功能也更加突出，部分地区甚至还挖掘民俗的娱乐潜力，大力发展民俗旅游，吸引更多的游客参与到民俗游乐活动中。彝族民俗具有优化调适的功能，带有一定的娱乐性质，使得参加民俗活动的人能够得到身心的放松和享受，在民俗活动中以娱乐、宣泄、补偿等方式使得心里得到调剂，促进社会生活的和谐发展。例如，彝族每年农历六月二十四举行的火把节，在火把节活动中彝族人民要举行摔跤、斗牛和歌舞活动，等到夜幕降临的时候，人们都会燃起火把，围着篝火，载歌载舞，相互祝福。至今，彝族的火把节不仅是彝族民众的重要节日，成为彝族民众放松身心的重要节日，而且还成为了彝族的标志性节日，吸引了越来越多其他民族的人参与其中。许多游客到该地旅游的时候，深深被浓重的火把节仪式感染，主动参与到火把节中，与当地人共同庆祝联欢。每年的农历正月十五或者是三月二十八，彝族还会举行被称为是彝族少女时装表演的赛装节，由于彝族民众日常居住较为分散，且彝族民众主要呈现聚居的状态，因此彝族陌生的青年男女平时接触机会较少，赛装节就为青年男女提供了相互认识和熟悉的机会。此外，彝族的民俗还具有宣泄的功能，如果个体在社会生活中觉得太过压抑，便可以通过民俗活动得以宣泄。彝族民俗所具有的这种对个体心理和社会生活进行调适的功能，并不是彝族的独有，在全国各地的民俗中一般也都具有这样的功能，例如，傣族的泼水节等民俗也起到了帮助人们进行宣泄和解压的功能，而像彝族婚礼上的哭嫁、葬礼上的跳丧舞等等也都反映了民俗中所具有的优化调适功能。

第二节 彝族民俗思想政治教育功能的实践价值

彝族民俗产生于彝族民众的生产生活实践，同时又反过来促进社会生产生活的发展，具有着重要的思想政治教育功能实践价值，能够有效维系民众日常生活秩序，调节居民的日常生活，在民众的日常生产活动中发挥着指导、教化等价值，满足日常生活的需要，成为地理环境对象化的产物。彝族民俗还通过民俗活动促进彝族族际之间的沟通和交流，促进族际团结和统一。

一、彝族民俗对生活活动的价值

彝族民俗维系生活秩序。统一的社会群体的思想行为，能对社会生活稳定起到重要的保持作用，群体内部的一切成员形成统一的向心力和凝聚力。基于此，同样具有相对稳定社会秩序的彝族民俗便也具备了稳定彝族社会生产生活的价值。彝族民俗主要产生于远古时期，是彝族先民对于处理人与人、人与社会、人与自然关系的重要组带。彝族民俗包括了服饰民俗、饮食民俗等物质民俗，还包括了彝族语言和文字等精神民俗，不仅反映了彝族先民的思想习惯，是彝族文化的重要一部分，而且还是历代彝族人生产生活的指导原则、规范及标准。在彝族天文历法民俗的指引下，彝族人民形成了自己的时间周期，并根据这一周期进行生产和耕种。在彝族祭祀习俗的指引下，彝族人民形成了对于神灵、对于祖先、对于亡灵的祭祀活动，并进一步形成了属于彝族的宗教信仰。而这些彝族民俗即便是在经历过时间的冲洗和打磨之后，现如今依然是彝族民众社会生产生活的规范和指导，具有十分强烈的稳定性作用，进而保持了彝族这一民族日常生产生活的稳定，促进了彝族以及彝族文化能够得以不断繁衍和发展。

彝族民俗调节生产生活。彝族民俗文化的目的在于让民众享用，调节生产生活，民俗活动自然就扮演让人宣泄的角色。比如说彝族三月举行的祭山节、六月举行的火把节、十月举办的彝族年节等等，让民众能在各自不同的节日狂欢，打破日常社会生活的重重禁忌。彝族民俗除了宣泄功能之外，还具有心理补偿的功能，彝族人在现实生活中的各种需求往往是难以得到十分的满足，于是在民俗活动中，人们通过祝福、许愿等不同形式，补偿了在现实生活中无法满足的心理空虚。恩格斯在评论德国民间故事书时也曾经提到过与此相类似的内容，当一天艰苦的劳作结束后，农民拖着疲惫不堪的身躯，迈着沉重的脚步回到了家，节日的气氛让他感到快乐和振奋，他忘记了肉体上的疲惫和劳累，他的心里也像是洒上了一片阳光，成为了美丽的花园。在传统社会里，生活在中国偏远的地区的彝族群众因社会经济水平发展有限和交通闭塞，彝族人的文化生活也相对封闭发展，因此在当地人民持续不断的生产生活实践当中，自发性地创造了各种各样供人娱乐的彝族民俗活动，通过这种方式不断满足自身精神文化生活的需要和自我娱乐的目的。如通过讲述彝族口耳相传的英雄传说、神话故事、民族歌谣，等等，使得辛勤劳累一天后的精神得以放松，起到较好的调节舒缓，这也在一定程度上将彝族的精神文化内容不断传承下来。彝族民俗的娱乐功能还和各民族人民的审美意识结合在一起，它常常体现出积极、健康、向上的精神和情趣，有时还表现为各民族人民对优秀文化传统的独特喜好。前者射弩、赛马、斗牛、斗鸡等，具有竞技性质，这一活动考验年轻人的机智、顽强和勇敢；后者如对歌、铃铛舞、撮泰吉、火塘讲故事等，具有文艺性质。彝族传统优美的民间文学与艺术，是彝族人民生产生活的精神产品，集中体现了集体的智慧和创造，具有一种崇高的精神美，激励人们生产劳作的同时，还能塑造培育人们的审美观念和高尚的道德情操。所以从文化发展的历史看，凡是美的东西，最能经得起时间的考验，并为各民族人民喜好和传承，成为一种美好的享受。正因如此，彝族民俗在调节生产生活实践中，常常体现出彝族人对民俗美学价值的肯定。

二、彝族民俗对生产活动的价值

彝族民俗源于生产活动，又指导和影响生产活动。彝族民俗的产生离不开人类的社会生活，社会生产生活也丰富了民俗的内容。尽管彝族民俗是彝族民众生活的重要组成部分，但是从民俗产生角度来看，主要还是产生于生产活动的需要，而且还在极大程度上受到了社会经济基础的制约。马克思就曾经对生产方式的制约作用进行过详细的论述，他指出：“人们在自己生活的社会生产中发生一定的，必然的，不以他们的意志为转移的关系，即同他们的物质生产力的一定阶段相适应的生产关系。这些生产关系的总和构成社会的经济基础，即有法律的和政治的上层建筑竖立其上并有一定的社会意识形式与之相适应的现实基础。物质生活的生产方式制约着整个社会生活、政治生活和精神生活。”[63] 马克思认为人类社会的结构划分为经济基础和上层建筑两个部分。这两个部分前者制约后者，后者适应前者，形成一对矛盾的统一体。而彝族民俗是在和一定的物质生产方式相适应的基础上而形成的上层建筑，而且这种适应性同时也处在不断的变化过程之中。因此，陶立璠也认为，“我们在考察某一民族的民俗事项时，不能脱离它产生和传承的基础。解放前，我国西南地区的有些民族，社会发展很不平衡。民俗，作为文化传承的积累，呈现出明显的层次性。某些民俗，保持了其与经济基础相适应的形势。比如，西双版纳的布朗族，解放前仍处在原始社会末期向阶级社会过度的原始公社阶段。”[64] 从马克思的观点来看，经济基础决定上层建筑。因此，彝族民俗作为一种生活文化，其产生及发展均受到经济基础即社会生产力水平的制约，与当地的经济基础有着密切的关系，而且不同的经济发展水平对民俗的影响也不尽相同。彝族民俗基本上都是产生于彝族生产活动的需要，彝族民俗的产生与当时的经济环境有很大的关系，“生产力是一个文化发展创新的最终推动力，但解放和发展生产力的原因往往不在生产力本身，一旦一个文化模式形成之后，文化的其他要

---

[63] 马克思．马克思恩格斯选集（第二卷）［M］．北京：人民出版社，2012：82.

[64] 陶立璠．民俗学概论［M］．北京：中央民族学院出版社，1987：46.

素对创造生产力的实践活动就起着巨大的反作用。"[65] 彝族民俗产生与彝族民众的生产生活实践，又推动了彝族地区经济社会的发展。

众所周知，彝族民俗是地理环境的对象化产物，中国西南的地理环境造就了独具特色的彝族民俗。这里地势复杂，沟壑纵深，山川遍布各地，过去与外界的沟通交流囿于地理环境而举步维艰，于是便产生了人死后要念指路经的习俗。在社会生产力低下的古代社会，彝族妇女婚姻生育方面均习俗丰富多样。例如单月提亲定亲会给婚姻带来不好的影响，孕妇不能够去走亲戚，生孩子之后不能有陌生人上门，等等。彝族的建筑民俗更是直接受到地理环境的影响，以凉山地区的彝族为例，有的居住在1500~3000米的温凉地带，因此便有了"彝入住高山"的说法。大小彝族居民住宅主要有"聚族而居""据险而居""靠山而居"三个方面的特点，而这除了受到历史战乱因素的影响之外，也与当地的地理环境存在着紧密的联系。在这里，彝族居民的住宅主要以方形院落为主，而不是深宅大院，方形院落主要是以土墙、竹篱、柴篱搭建为主，再用木框搭建大门，屋门窄小。一般而言，长为10~15米，宽为5~6米，屋檐到地面约3.5米，看上去不太高大的住房，这样的规格占据了大小凉山彝族住房的大多数。大小凉山房屋建筑体现了彝族长久以来亲近自然、与大山和森林为伴的特点，大部分建筑采用以木结构为主，其房柱、房梁、横杆均使用原木，屋架结构则用穿榫并使其组织为"树"型。每当外地人走进这样的房屋，都会感受到来自杉木的清香，似乎让人觉得一瞬间来到了原始森林的木屋，于是凉山彝族传统住宅，在当地人们有了"瓦板房"的美称。因此，在凉山地区独特环境的影响下，当地的居民根据对地理环境的依赖和改造形成了适应当地生活的建筑，并且进一步形成了属于彝族的建筑文化。通过以大小凉山建筑民俗为代表的研究，我们可以看到彝族民俗的产生和形成在很大程度上与地理环境有着密切的关系，是地理环境对象化的产物。

三、彝族民俗对族际关系的价值

彝族民俗在促进族际团结、调节族际之间的矛盾上有着重要的意义。彝族虽然在居住特点上呈现出了大分散、小聚居的特点，分散于云、贵、川等相关区域，有的地区在历史上内部存在着"黑彝""白彝"等的区分，民族内部的关系也非常复杂，但

---

[65] 桂翔．文化交往伦［M］．北京：人民出版社，2011：114.

是彝族整体上具有统一的祖先共识，在宗教崇拜、自然崇拜、语言和文字上等都具有共同之处，源自传统时期的民俗更是像一个锁扣一样将分散在不同地区的彝族紧密联系在一起，以彝族语言和文字为代表的民俗使得彝族在精神上形成共鸣，加强民众对于族群的认可。通过彝族火把节、彝族年节等属于彝族共同的民俗活动，不仅使得彝族能够通过共同的活动加强民族的认同，促进民族团结，而且通过民俗活动加强了民众之间的沟通和交流，同时还促进与其他兄弟民族友好交流和团结进步。

首先，彝族民俗是属于全部彝族人的文化财富，是宝贵的非物质文化遗产。彝族民俗中的歌舞民俗、服饰民俗、文字民俗、节日民俗等已列入各级政府的非物质文化遗产。彝族撮泰吉、铃铛舞等2006年被国务院列入第一批国家非物质文化遗产，彝族打歌、漆器髹饰技艺等2008年列入第二批国家级非物质文化遗产名录，彝族的火把节等被联合国教科文组织列入2010年“世界非物质文化遗产审批项目”，彝族朵乐荷、磨儿秋等一大批民俗活动先后被省级非物质文化遗产名录。这些民俗活动代表了彝族整个民族的成绩和骄傲，通过参加共有的民俗活动，拉近了彝族民众彼此之间的感情，有助于促进族际之间的和谐与团结。

其次，彝族民俗还具有调节族际之间的矛盾，促进族际团结的作用。例如，彝族传统时期的“家支制度”强调家支内部成员互相帮助、相互敬重，在这种制度文化的全面熏陶下，彝族民众不仅在家支内部成员之间形成了互亲互爱的传统，而且在整个彝族之间还形成了互相尊重的传统。此外，即便是互相有矛盾或者不和的族际纠纷时，只要通过共同的彝族民俗活动，为大家提供了互相沟通和交流的机会，各种隔阂和误解自然消除。彝族教育经典《玛牧》中说：

“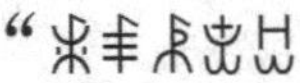，家族是殓尸之伴，

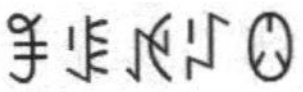。亲家是信任之伴。

……

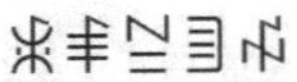，莫与家族闹翻了，

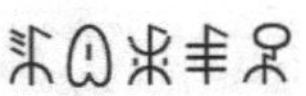，凭势力家族最行，

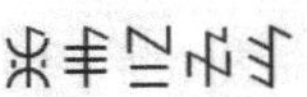，若与家族闹翻了，

，会变成无家族的人。

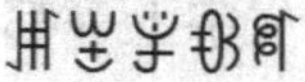，犹如断只毡衣袖，

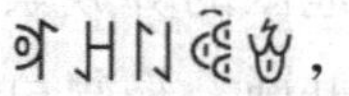，流浪到汉区，

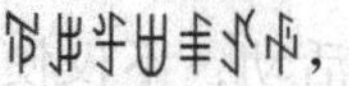，既无待客伴，

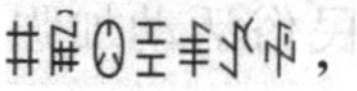，又无斗敌伴，

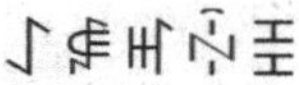，将痛苦终身……”[66]

而且，彝族多数节日民俗活动还是以歌舞等欢快的形式开展，在这种欢乐的气氛中更容易消解不同族际之间的不和谐。因此，彝族的民俗活动对于加强族际团结，消除族际矛盾有着重要价值。

四、彝族民俗对德育实践关系的价值

彝族民俗是以生活为平台展现出的带有某种仪式的行为，它除了给人灌输行为模式，还蕴含爱国、爱家、爱生活的道德情怀，以丰富的哲理性让生活更加多彩，让彝族民众的思想受到德育洗礼，实现了自身对社会认知、接受并最终内化的过程。彝族民俗文化这种教育形式融入民众生活后，个体民众按照民俗固有模式参与其中，当周围所有人都对某种民俗以固定模式参与后，这种民俗必定以稳定的结构融入当地人生活中，成为大众熟知的模式，为其生活提供便利同时，也感化、影响着广大民众。彝族传统教育经典中说：

“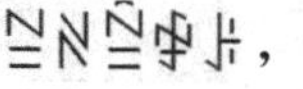，子孙后代们，

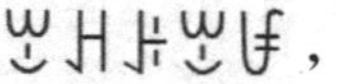，善者有善报，

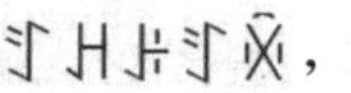，恶者有恶报；

，行善无善报，

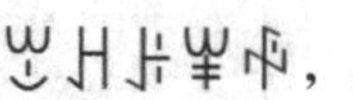，无人来行善；

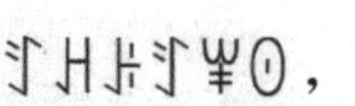，行恶无恶报，

---

[66] 罗蓉芝. 玛牡特依［M］. 成都：四川民族出版社，2011：39.

，恶事不间断。”[67]

从德育价值方面来说，彝族民俗主要体现两个教化：一是成长中的认知。由于人是群体中的组成，彝族民俗模式又是诞生于群体，这样就使个体在彝族民俗环境中不断获得认知，最终成长融入社会。在彝族民俗中长大的彝族民众会完全遵照民俗模式支配行动，人在这个过程中将意志和本能结合，成为完成相关活动的主体。当个体通过彝族民俗逐渐获得知识积累，从最初的懵懂无知到能够准确地模仿，人的个体能够实现这个过程，也就完成了对认知结构的自我构建。在这个自我构建的认知世界中，民俗展现出生活哲理、社会道德情感，同时也包括个体在生活经验中通过民俗体验到的自我认知和态度。二是在彝族民俗中体验风俗、伦理和德育价值。彝族传统文化中无处不闪耀彝族民俗活动形式，当我们将这些彝族民俗植入自己的生活中，彝族民俗就会迸发出生机和活力，使我们的生活更丰富多彩。现代社会中的彝族民俗活动仍在不断丰富发展，有些民俗经过历史延续，如各种彝族传统节日都会有相应的庆祝活动，随着社会变化还会有新的民俗产生。这些不同历史时期诞生的彝族民俗文化共处于当代，以不同的生活方式转化成大众共同的活动。在个体成长过程中不断吸收风俗习惯、德育规范、价值理念。在这种构建自身个体的民俗生活中，大量彝族民俗模式被承袭，相关德育价值理念被吸收，促进了个体思想行为的发展。但不同个体在吸收传统彝族民俗文化再演绎后，都会各有不同。随着环境变化，一些固有的彝族民俗旧元素由于不合时宜被新的表现形式所代替，体现了在彝族民俗转化过程中，个体发挥的能动性和创造性都影响着道德的价值形成。[68]

第三节　彝族民俗思想政治教育功能的作用

民俗文化的力量是无穷的，在彝族传统社会，对本民族最好的思想政治教育方式就是民俗文化的自然教育教化，彝族民俗在社会生活中发挥了对本族人民的思想政治教育功能作用，以彝俗化人，维系了彝族人民稳定和谐发展。

[67] 吉格阿加．玛穆特依［M］．昆明：云南民族出版社，2005：7.

[68] 安静．民俗文化的道德意蕴［J］．人民论坛，2018（3）：138.

一、培育个体与社会的一致性

培育个体与社会的一致性是思想政治教育的内容，也是彝族民俗具有的本质功能。彝族民俗不仅能够在思想政治上培育个体和社会的一致性，而且还能够使得社会生活有规则地进行。一般来说，在强化个人和社会的一致性方面，普遍认为可以通过四种方式所进行，即法律、纪律、道德、民俗，法律和纪律均通过规章制度对人们的行为进行约束，使得个体能够保持一定的规范，在行为上不与社会普遍标准相违背，道德和民俗则更多地从思想意识等方面对个体的行为进行约束。而民俗与道德相比则是产生最早、约束面最广的一种深层行为规范。在彝族传统社会中有一种神判法，把嫌疑犯被告人押到氏族的神圣之地，由族人们的神鲁（当地氏族有图腾性质的动物），如果神鲁用其头上的角碰触了疑犯，那就表明该人有罪，这样的民俗在当地人们心里是最具约束性的行为准则。

彝族民俗一旦演变成某种深层次的规范依据，就可以对彝族民众的行为举止和思维方式进行无差别的影响和干预。正如列维·斯特劳斯说："我们的行动和思想都依照习惯，稍稍偏离风俗就会遇到非常大的困难，其原因更多在于惯性，而不是出于维持某种明确效用的有意识考虑或者需要。"[69] 彝族传统民俗即便是在现代化飞速发展的今天，对于现代彝族聚居区的影响力量依然十分巨大，其原因主要在于彝族传统民俗存在历史的惯性，人们的行动和思想稍微偏离该区域的风俗，就会变得难以顺利进行，入乡随俗说的也正是这个道理。民俗的这种"集体无意识"的力量，对于人们来说也正是反应了其历史存在的惯性。以中国传统的节日民俗为例，春节、元宵节仍然是现如今民众的主要节日，为了庆祝节日，春节吃饺子、元宵吃汤圆依然是受到人们普遍追崇的饮食民俗，而且在这一天全国各地的人们尽管是在不同的区域，也会采取相似的民俗形式庆祝节日。彝族的节日民俗更能体现个体能够与整个社会保持一致，火把节是彝族地区的传统节日，每年农历六月二十四日在彝族聚居的区域，彝族民众都会纷纷集聚在一起庆祝节日。彝族火把节起初只是来源于人们对火的崇拜，彝族人民主要是通过庆祝火把节的方式表达对火的尊敬，并期望通过火来驱虫除害，保护庄稼生长。人们在持续三天三夜的火把节时，会将许多火把堆成火塔，唱歌跳舞，彻夜不息。

---

[69] 列维•斯持劳斯．历史学和人类学—结构人类学序言［J］．哲学译丛，1976（8）：30.

即便是在云南、贵州等不同的地区，彝族民众都会采取相似的方式和礼仪去庆祝。因此，彝族民俗在规范性民俗的功能下能够约束民众的行为，使得民众的行为和社会保持一致。

二、强化民族认同和繁荣发展

民族认同感，亦可称为民族认同意识，是一个民族区别于其他民族的基本因素。同一个民族的人，可以感知到周围其他人在社会活动和人际交往中具有类似的思考方式、行为习惯，从而产生大家都是自己人心理共鸣。民族认同概念论及者较多，斯大林在界定民族概念时认为："民族是人们在历史上形成的一个有共同语言、共同地域、共同经济生活以及表现在共同文化上的共同心理素质的稳定的共同体。"[70] 费孝通先生曾经说过，民族认同感是一个民族认为自己属于共同体的心理，因此要增强一个民族的团结，应注重提升本族人民的认同感，巩固本民族的共同心理。[71] 只不过也有人持这样的一种观点，民族认同感，不仅仅在于个人对群体的归属感，它还包括了群体活动对个人的影响程度，以及个体对于所属群体的行为举止思维方式的积极评价，这是一个相对复杂的系统和结构。[72] 诚然，这些观点中有的只是狭义上的民族认同。事实上，广义的民族认同，是包括双方面的相互影响和联系，无论是个体对本民族的态度和行为参与度，还是本民族集体行为对个人的影响，都会纳入民族认同的范畴。人们相互接触时，往往会有一种"求同"或"求异"的定势心理。[73]

在远古时期，彝族民众为了民族的生存和发展，在生产生活实践中不自觉地提升本民族成员对民族的认同感，增强民族凝聚力，而这种认同往往是通过彝族民俗活动来完成。彝族民众会将这种风俗习惯和生活方式、行为特征通过各种民俗活动的传播方式进行渲染和美化，在长期的历史积淀中形成彝族民众口耳相传、喜闻乐见的民俗样式，形成风格迥异的民族风情。彝族民众长期生活在特定的自然条件与社会环境中，形成了独具特色的彝族文字、语言、生活习惯、审美认识、宗教信仰等，因此也便形成了属于本民族的集体心理和民族认同。无论是彝族语言还是彝族生活习惯及其宗教

[70] 斯大林．斯大林选集-马克思主义和民族问题（1913上卷）［M］．北京：人民出版社，1979：64.
[71] 费孝通．费孝通民族研究文集［C］．北京：民族出版社，1988：173.
[72] 王亚鹏．藏族大学生的民族认同、文化适应与心理疏离感［D］．兰州：西北师范大学，2002：3.
[73] 黄龙光．增强民族认同感保持和发展民族文化传统［J］．大理学院学报，2007（1）：1.

活动，本质上都是彝族民俗以及彝族民俗文化转化成的各种具体民俗生活活动。彝族民俗不仅通过规范人们的行为方式、引导人们思想道德观念等统一彝族民众的生活行为，而且还通过彝族民众生产生活方式增强彝族人民的民族认同感，维系着彝族这一群体或民族的文化心理。此外，彝族民俗经历了时间的洗礼和社会生活变迁的磨练，已经传承给了彝族千千万万的后代子孙，即便是在外地的彝族子孙也会自已结伴过彝族民族的传统节日，在特定场合穿彝族民族服饰、说彝族语言、品彝族美食等方式，与本民族风俗习惯保持一致，时刻牢记自己作为彝族人的身份和特点，增强了彝族民众对于本民族的民族认同感和推动了民族的文化繁荣发展。

三、塑造民族精神和民族品格

每一种文化都是人为的，也是为人的，彝族民俗作为一种文化育人的重要载体，具有塑造民族精神和民族品格的思想政治教育功能。彝族德智教育经典《海腮耄启》中说：“人生的道德，要尊老爱幼，崇善莫惹祸，伴贤莫跟愚，注意言和行，讲伦理道德，要文明礼貌。事之为众人，要城心城意。聪明要贤慧。一生衷贤良。行善莫作恶语言要优美，切莫欺负人。心良行为正，凡事要三思，做一生好人，就是这样的。”[74] 彝族民俗是彝族社会全体民众共同创造的文化样式，从一开始就深深地扎根在彝族人民生活的土壤中，是彝族民众集体行为的共同认知和总结。因此，彝族民俗具有强烈的社会集体属性，并且在发展的过程中通过民俗内容以及活动的开展，对彝族民众进行民族的、社会的教育，通过教育功能的发挥凝聚起民众的力量，规范民众的个人行为，塑造出属于本民族的民族精神和民族品格。彝族民族精神是彝族人民在漫长的历史和社会生活实践中逐渐形成并不断发展的语言文字、心理、价值观以及彝族传统文化的升华，是民族意识觉醒的前提条件，是民族意识的核心部分。基于此，彝族民族精神的根源来自于彝族民众的生活实践，是彝族人民共同认可的民族价值观念和民族信念的整体概括，同时彝族民族精神的存在和产生又高于实践，也是理论性和实践性的统一表现。彝族民俗所凝结成的民族精神已经融入到实现中华民族伟大复兴的中国梦中。正如有学者提出那样，为了弘扬和培育中华民族精神，应通过推进指导理论的创新、加强制度建设、营造民族精神生长的土壤、紧扣民族伟大复兴的实践等

---

[74] 龙整清．海腮耄启［M］．贵阳：贵州民族出版社：149-150.

方式来进行。[75] 然而，我国民族众多，不同的民族各自拥有不同的民俗，如此多种多样丰富多彩的民俗内容，对于民俗学的研究和探索而言是一座蕴藏丰厚的民俗历史文化宝库。所以，历经实践考验和取舍的优秀彝族民俗文化，对于彝族民族情操的陶冶和培养，富有非常积极的正面意义，它帮助该彝族民众从小正确鉴别人性中的假丑恶和真善美，对于后代培养正确的伦理思想道德有着不可或缺的重要作用，彝民族共同认可属于自身民族文化里最重要的精神财富。彝族民俗在培养民族自信心和民族自豪感、民族的爱国心以及对未来未知生活的热爱和勇气、社会伦理、道德观念等各个方面，都有具有无可取代的重要作用。比如彝族在对待长辈时的态度是非常敬畏的，在有客人和长辈在的吃饭场合，需要等长辈请客人带头动筷，饮酒由长辈先敬客人开杯。彝族在举行祭祀活动时先敬天、地、人，再敬祖先和新故亡人，体现了朴素的天人合一观念。彝族民众通过参加各种民俗活动，借助彝族民俗对于民众思想和行为上的教育作用，深化彝族民众对于本民族的认知，了解本民族的历史和文化，并通过整体环境的熏陶，培养并塑造本民族的民族精神和民族品格。

彝族民俗是彝族民族精神和民族品格培育的思想政治教育实践。从德国人的理性思辨、法国人的激情与前卫、中国人的含蓄谦逊、美国人以“国家责任”为中心的冒险与创新、英国人的传统与规范等方面可以看到，世界各国都在在其思想政治教育中无不依托本民族历史发展过程中逐渐形成的独具特色的民族传统文化精神来进行教化，而彝族民俗文化传统自然就成为对本民族开展思想政治教育的理想选择。彝族有着丰富的民俗文化，通过日常民俗活动的开展思想上的教育引导，教育彝族形成对世界的正确认知，塑造彝族民众的品格，培育彝族民众健康向上的人生理想。在此基础上通过彝族民俗大型活动对个体行动的影响，如彝族年、火把节等活动使得民众不断加强对于本民族的认知，加强了民族的凝聚力和向心力，为塑造民族精神和民族品格打下了坚实的基础。彝族民俗所承载优秀的民族文化传统、共同的民族信仰、淳朴的民族思想理念，将彝族人民的心紧紧联系在一起，这种坚不可摧的民族思想文化凝聚力，使得彝族内部人民之间产生极高的认同感，从而进一步加强彝族人民的民族自信心，还使得彝族传统民俗文化成为中华文化不可或缺的部分。

---

[75] 吴潜涛，冯秀军．弘扬和培育中华民族精神的基本途径［J］．北京大学学报（哲学社会科学版），2006（5）：15.

第四节 彝族民俗思想政治教育功能的意义延伸

彝族民俗不仅能够有效促进个体与社会的一致性，加强民族团结，在其他思想政治教育方面也具有一定的延伸作用。彝族民俗内容丰富，形式多样，是传统文化教育的有效活动载体。再加之彝族民俗历史悠久，在时间上具有一定的延续性，因此彝族民俗是传统文化教育的有效传承方式。此外，彝族民俗作为民众日常生活的一部分，已经有效渗透到了民众生产生活的各个方面，是传统文化教育的主要途径。作为彝族民众集体智慧的文化体现，彝族民俗得到了本民族民众的普遍认可，在生产生活活动中成为本民族的共同标识记忆。

一、彝族民俗是传统文化教育的活动载体

彝族民俗是彝族传统文化的重要组成部分。彝族的历史、语言文字、信仰、礼俗等无不体现在彝族的民俗活动实体中，通过参加火把节，人们认识到彝族是一个崇尚火的民族；通过举办彝族民歌和舞蹈大赛，人们进一步了解了彝族是一个能歌善舞的民族；通过参加各地彝族祭祖大典活动，人们才渐渐认知彝族宗教信仰主要为祖先崇拜、自然崇拜等等。当前，加强中华优秀传统文化教育，是构建中华优秀传统文化传承体系，推动文化传承创新的重要途径，是深化中国特色社会主义教育的重要组成部分，传统文化教育在各领域采取不同的方法和活动实现，如传统民俗体育竞技、各民族的斗牛、斗鸡民俗、中华诗词大赛等活动。在传统文化教育的各种活动中，民俗因其大众性特点而成为人们进行传统文化教育的主要活动之一，尤其是在少数民族中尤为凸显。在彝族的民俗中，既包括了语言文字等精神民俗，也包括了节日民俗等社会民俗。例如，火把节、彝族年节等各种节日直接体现了彝族的民族文化和风情风貌，通过民俗活动的举办能够较好地展现出彝族的历史传统，是较好的开展传承传统文化教育的活动载体。

彝族服饰是最直观也是最直接代表彝族传统民族习俗的文化载体。彝族的服饰习俗和文化不仅是彝族文化的重要内容，还是我国文化的珍贵财富，在继承先民服饰特点的基础上，彝族现有的服饰款式达到了300多种。服饰不仅在性别、年龄上有所区别，而且还在不同的场合和期间穿不同的服饰，如婚服、丧服、祭师服等各种各样的

专门服饰。彝族的服饰是在彝族漫长的社会历史发展中根据社会生活实践、所处的环境特点以及经济发展条件而形成的，有着非常独特而强烈的民族风格，充分体现了先民们的智慧和经验。彝族的“五色观”文化就在彝族服饰上有所体现，反映了彝族先民以及整个彝族对美的审视以及彝族人一直以来勇敢、热性的性格特征。李兴秀等学者在对彝族的服饰进行研究时，将彝族的服饰分为了凉山型、乌蒙式型、红河型、滇东南型、滇西型、楚雄型等六种类型，并且对乌蒙山型贵族服饰、布摩服饰、若卡服饰和百姓服饰进行了详细的研究。她认为，乌蒙式彝族服装是彝族服饰民俗中最具特色的服饰，它既表现了当地的特点，也展现了明末清初“改土归流”之后的变化，是彝族智慧结晶的典型代表。乌蒙式彝族服装主要以青、蓝色为主，有以刺绣为主的方袍，也有古代女骑马装的“姆仔着伟”，是古老的贵族服饰。老百姓则主要长衣大领，到了民国初年的时候，乌蒙彝族妇女仍然保留着穿长袍着长裙的服饰习惯。[76] 以彝族服饰为代表的物质民俗虽然只是彝族民俗中的一部分，但是充分体现了彝族的文化特点，是彝族民众智慧的结晶，代表了彝族悠久的历史、神秘的文化和奇特的风情。通过对彝族服饰的了解和教育，彝族的后代既能够了解彝族发展的历史，同时也能够体会到彝族的民族服饰中所代表的彝族风情风貌，以彝族服饰为载体产生出对民族的认同和热爱，促进民族团结和繁荣。因此，以彝族服饰为代表的彝族民俗在这一过程中作为传统文化教育的实物载体和活动载体，起到了彝族民俗在历史教育、珍惜传统文化等方面的功能作用，进而更好地发挥彝族民俗传统文化教育的作用。

二、彝族民俗是传统文化教育的传承方式

彝族民俗体现了传统文化教育的传承方式。彝族民俗体现的各种民俗活动承载着彝族传统文化的内容，并通过各种民俗活动来传承创新。彝族民俗涵盖了彝族民众生产生活的各个方面，而且彝族民俗的形成是从彝族先民传承至今，是彝族民众对生活进行有益经验总结的基础上而形成，在时间和空间上被世代不断传承的文化样式。彝族的物质民俗包括彝族的民居建筑、饮食服饰、生产工具等；精神民俗则包括了彝族的哲学观念、宗教、艺术等方面。语言民俗是指彝族的语言文字等；社会风俗主要指的是生活礼仪活动及彝族的社会组织制度，如彝族的各种社交礼仪、节日民俗等；社会组织制度如贵州水西彝族土司制度、则溪制度、家支制度，等等。民俗所具有的传

[76] 李兴秀编著．贵州西部彝族礼俗研究［M］．贵阳：贵州民族出版社，2009：14.

承性是指在经过不同社会和时代发展之后，民俗及民俗文化依然能够保持其原有的特性。目前的彝族民俗大多都是产生于传统社会时期，在经历过一定的社会变迁之后，依然保持着民俗自身的特色以及文化，并且随着社会的发展也出现了一定的创新。

彝族民俗的传承主要通过了以下两种方式来进行，一种是时间上的连续性，成为能够在时间上实现世代相沿的活动及文化；另一种则是实现了在空间上的蔓延性，彝族民俗在经历时间延续的过程中也在时空上得到了传播和扩散，使得彝族民俗能够被更多的人认识。因此，彝族民俗具有较强的传承性，无论是传统社会时期彝族民众对自然的崇拜、对宗教的崇拜，还是婚丧嫁娶等方面的民俗活动，都是体现了人们祈求五谷丰登、人畜兴旺、岁岁平安、人寿年丰、如意吉祥等方面的追求，反映了彝族民众对于生产和生活的一种美好意愿。随着彝族民俗经历了时空和空间上的传承，在被一代又一代人传承和举办民俗活动的同时，既保留了对彝族先人的缅怀和尊敬，同时也包括了当下的彝族民众对于未来生活的美好向往和追求。正因为如此，彝族民俗在进行传统文化教育时具有稳定的传承性，能够承担传承传统文化教育的主要角色，而且在这个传承过程中，彝族民俗与传统文化教育的关系也更加紧密。

三、彝族民俗是传统文化教育的主要途径

彝族民俗往往通过不同的活动形式和路径来传承彝族传统文化。一般来说，加强传统文化教育的途径主要是通过与传统文化结合的文教活动、政策制度上的规定、思想政治上的灌输等教育等方式来进行，然而这些作为外在的教育方式虽然能够起到加强传统文化教育的目的，教育效果深度是不尽理想的。而彝族民俗活动作为渗透到民众日常生活的一部分，已经深深地烙印在了生活的各个方面，并且从思想行为等各个方面对民众产生深远影响，彝族各种民俗活动中所承载的丰富历史知识、传统文化习惯是有效进行传统文化教育的途径。彝族先民在不断的融合发展中形成了一个拥有共同语言、文字、民族、风俗习惯的社会共同体。在长期的发展中，彝族用自己的语言记录了彝族的发展历程和生育婚姻、丧葬习俗、宗教信仰习俗、祭祀祖宗习俗等，反映了彝族人精神生活面貌的内容，既为人们提供以一扇了解彝族文化的视窗，又是彝族不断得以传承和发展的本源之所在。无论是先民时期的彝族还是现在的彝族，民间习俗已经深深地镌刻在了每个彝族人的心中并且深深地渗透到了生活的各个方面，是彝族人生活中不可缺少的一部分，也是彝族的文化中非常具有民族气息、有生命力的

重要内容之一。

彝族民俗总是依托丰富多彩的民俗活动来承载传统文化。在社会生活中，许多彝族民俗展现了人们对于健康长寿、祈求庇护的愿望，是彝族人追求生活美满、生活安定的反映。彝族民俗中包含着丰富的民族节日、天文历法、建筑工艺、民间娱乐等民俗内容，是彝族人生产、生活状态的直接展现，从这些民俗中可以追溯到彝族人的历史，品味彝族人现在的生产生活，窥探到彝族未来的发展态势。通过了解彝族习俗中所展现的生活各方面以及若干重要环节中体现出的真实感情，我们可以看到彝族群体的现实处境和心理情态，了解到彝族文化的根基和源泉。由此可知，彝族的民俗活动是对彝族历史、彝族传统文化、彝族社会历史发展变迁、彝族风土人情的直接展示，通过各种彝族民俗活动的开展以及宗教文化等的熏陶，能够传承发展传统文化教育。以彝族的丧葬民俗为例，彝族丧葬风俗内容丰富且历史悠久，从彝族的丧葬习俗变迁中不仅可以看到彝族社会历史发展的概况，同时也可以了解彝族的民族精神之所在，是进行传统文化教育的重要方式和载体。“彝族丧葬文化极其丰富，在彝族传统文化中具有底蕴深厚、源远流长而变异缓慢的特点。就纵向而言，突出体现了彝族文化的历史发展脉络；从横向看，包容着恢宏雄厚的彝族文化基因。”[77] 彝族的丧葬制度在氏族社会前期，内容就非常丰富。尼能时代，为了安慰和送别亡人的灵魂，彝族先民会唱着哀歌，跳着舞蹈，纪念逝去的氏族成员。而在夏商周时期，彝族先民进入到了笃慕时代，丧葬成为了一种文明的象征。在战国时期，彝族的丧葬礼仪随着“六祖”分封到四川、云南、贵州三省后逐步发展到了“分宗”的高级阶段，例如武夜郎一支的贵族丧葬习俗已经和中原地区《仪礼》的记载有所相似，都是将逝去的先人整齐穿戴进行安葬，安葬三天之后再去上土，并做安魂仪式。而在明代以前的时候，火葬在彝族地区较为盛行。在明清之后，由于封建统治地区禁止火葬，再加上彝族逐渐吸收了汉族的土葬文化，棺木土葬逐渐代替了传统的土葬，而在有的地区，彝族至今还盛行火葬习俗。而彝族在丧葬形式火葬或土葬上的变更也相对应地反映出了彝族的游牧文化以及农耕文化，进而折射出了彝族社会生产历史发展进程。因此，彝族民俗不仅是彝族文化不可或缺的一份子，是研究彝族文化的有力工具，更是对彝族人民进行传统文化教育的重要途径。

---

[77] 李兴秀编著．贵州西部彝族礼俗研究［M］．贵阳：贵州民族出版社，2009：119.

四、彝族民俗是本民族的标识记忆

彝族民俗是一种历史的文化创造和积累，是人们社会生活的“化石”。在社会发展进程中，彝族民俗也经历了传承和变异，有的民俗消失，而有些则永久地流传了下来。流传下来的彝族民俗是经过集体和社会创造，深深扎根于人们的生活之中，有着雄厚的群众基础，受到本民族的认同，并且逐渐成为教化本民族民众及其后代的工具，成为本民族共同的标识记忆。

首先，彝族民俗使得本民族熟悉自己的历史和文化。民俗作为彝族的历史传承和文化传统，对彝族整个民族心理有着深远的影响。彝族民俗起源于当时的人类社会群体生活之需，并且在彝族本民族所处的特定时代和地域条件下不断形成，并经过不断的扩散和演变，为彝族民众日常的生产和生活服务。彝族的民俗形成之后，就已然具有了规范本民族的行为、语言和心理的基本力量，同时也成为了彝族民众积累传承民族文化的重要方式。正是在这种积累的基础上，彝族民众才能够创造出更多、更优秀的民族文化成果，丰富本民族的文化宝库。因此，彝族民俗在表象上是表现为一定的活动等，在实质上则表现出了彝族先民对于自然及社会的理解，是我们了解彝族先民生活、思想以及彝族历史和文化的重要窗口。尤其是在远古时期，在长期的社会生活实践中，由于当时科学技术、知识水平等方面的限制，彝族先民无法对一些自然现象进行解释，因此便形成了对于天地、日月、山川等自然的崇拜。此外，彝族先民当时的生产和生活主要依靠于当时的动植物，因此在处理与动植物关系的时候也形成了一定的动植物崇拜，在灵魂不死观念下的引导下形成了祖先崇拜。在此基础上，彝族宗教信仰便形成了以祖先崇拜为核心，集自然崇拜、图腾崇拜和灵物崇拜于一体的传统习俗信仰。而在各种祭祀活动中作为主持者祭师就是这些活动的主体，因此便形成了“布摩”，并形成了布摩文化。《彝族源流》[78] 中第一节就叙述了布摩的产生的情况。

---

[78] 毕节地区彝文翻译组．彝族源流（9-12卷）［M］．贵阳：贵州民族出版社，1992：400.

pu˨dʑi˥ mo˧ hi˨

布摩根源①

ʑi˧ bu˧ ma˨ dʑə˨	哎哺未出	哎哺未出现，
tsʻɛ˧ ʂɛ˨ ma˨ do˨ sɿ˧	采舍未生兮	采舍未生时，
kʻi˧ so˧ ma˨ ʑo˧	恳索未生	恳索未形成，
mu˨ tɕʻo˨ ma˨ ŋɤ˥ sɿ˧	目确未长兮	目确未生时，
ndzə˨ mi˥ ma˨ dʑə˨	则咪未出	则咪未出现，
vu˧ xə˨ ma˨ do˨ sɿ˧	武侯未出兮	武侯未生时，
tʻɣ˨ pu˨ ʑɣ˨ ma˨ bo˨	其布源不有	布摩无源头，
ʑi˧ bu˧ dʑə˨	哎哺出	哎哺出现，
tsʻɛ˧ ʂɛ˨ do˨ ʑi˧ ɣo˨	采舍生以后	采舍产生后，
kʻi˧ so˧ ʑo˧	垦索生	垦索出现，
mu˨ tɕʻo˨ ŋɤ˥ ʑi˧ ɣo˨	目确长以后	目确产生后，
ndzə˨ mi˥ dʑə˨	则咪成	则咪形成，
vu˧ xə˨ do˨ ʑi˧ ɣo˨	武侯现以后	武侯出现后，
tʻɣ˨ pu˨ ʑɣ˨ bo˨ ʑi˧	其布流有影	布摩有源头。
ʑi˧ bu˧ pu˨ dʑi˥ hi˨	哎哺布根源	哎哺有布摩，
ʑi˧ bu˧ nə˨ nu˧ pu˨	哎哺雾志布	布摩推崇雾，
tsʻɛ˧ ʂɛ˨ pu˨ dʑi˥ hi˨	采舍布根源	采舍有布摩，
tsʻɛ˧ ʂɛ˨ nu˧ no˨ pu˨	采舍霭志布	布摩推崇霭，
kʻi˧ so˧ pu˨ dʑi˥ hi˨	垦索布根源	垦索有布摩，
kʻi˧ so˧ tɛ˨ no˨ pu˨	垦索云志布	布摩推崇云，
mu˨ tɕʻo˨ pu˨ dʑi˥ hi˨	目确布根源	目确有布摩，
mu˨ tɕʻo˨ tsu˧ no˨ pu˨	目确石志布	布摩推崇石，
ndzə˨ mi˥ vu˥ no˨ pu˨	则咪鸟志布	则咪布推崇鸟，
vu˧ xə˨ mi˨ no˨ pu˨	武侯地志布	武侯布推崇地，
pu˨ no˨ kʻu˧ a˧ hu˧	布间威与势	布摩有威势，
pu˨ dʑi˧ ɣu˨ a˧ so˨	布兴额阿索	是额索时代，
pu˨ bo˨ tʻə˥ a˧ no˨	布有输阿诺	输阿诺之世。
dʑə˨ li˧ ȵɣ˨ ʂɿ˧ dʑə˨	成来尼先成	尼能先形成，
ʑo˧ li˧ ȵɣ˨ ʂɿ˧ ʑo˧	生来尼先生	尼能先产生，
qɛ˨ li˧ pu˨ ʂɿ˧ bo˨	言来布先言	布摩先能言，
ʂɿ˧ ʑi˧ ȵɣ˨ nə˨ pu˨	先乃尼能布	先有尼能布，
ȵɣ˨ a˧ ʑi˥ ni˧ pu˨	尼阿依乃布	尼阿依布摩。
ʑi˥ a˧ vu˧ ni˧ pu˨	依阿武乃布	依阿武布摩，
vu˥ du˧ ɣu˨ ni˧ pu˨	乌度额乃布	乌度额布摩，
ȵɣ˨ nə˨ zu˧ tsʻə˨ pu˨	尼能子十布	十代尼能布，
dʑə˨ mi˧ hɛ˧	直米赫	首推直米赫，
vu˥ du˧ ɣu˨ a˧ ŋə˨	乌度额也顶	首推乌度额；
nu˧ ni˧ ʂɿ˨ ʂo˨ pu˨	后乃什勺布	后有什勺布，
ʂɿ˧ ʂo˨ zu˧ tsʻə˨ pu˨	什勺子十布	十代作布摩，
ʂɿ˨ sɛ˥ dzɛ˨	什奢哲	首推什奢哲，
ʂo˨ hu˨ ɣu˨ a˧ ŋə˨	勺洪额也顶	首推勺洪额，
ŋu˨ mo˧ zu˧ tsʻə˨ pu˨	鄂莫子十布	鄂莫布十代，
ŋu˨ sə˧ ʂɛ˨	鄂叟舍	首推鄂叟舍，
mo˧ vu˧ fi˨ a˧ ŋə˨	莫武费也顶	首推莫武费；

mi˧ mi˨˩ ȵi˨˩tsʰɤ˨˩pu˨˩	米靡十二布	米靡布靡二十代，
hɪ˨˩ ʂɿ˧ tsʰɯ˨˩	恒 始 楚	首推恒始楚，
tʰɤ˨˩ndʐa˧mu˨˩ a˧ ŋɡɯ˧	投乍姆也顶	首推投乍姆，
tʰu˧ tʰi˥ zu˧ȵi˥ pu˨˩	妥梯子二布	妥梯布二代，
tʰu˨˩ mu˧ ve˨˩	吐 姆 伟	首推吐姆伟，
ʂɛ˨˩ lɤ˥ndɤ˧ a˧ ŋɡɯ˧	舍娄斗也顶	首推舍娄斗。
hɪ˧ŋɡɯ˧ dʑo˧ɣɯ˧pu˨˩	恒耿举偶布	举偶布在恒耿，
hɪ˨˩mɛ˧ ʂu˧so˨˩ pu˨˩	恒默署索布	署索布在恒默，
tɕʰo˨˩ pʰi˧ ȵi˨˩tsʰɤ˨˩pu˨˩	六祖二十布	六祖布靡二十代，
du˧ʑɪ˧tɕʰo˨˩ndzo˧pu˨˩	后也邛佐布	在邛佐之后，
tɕʰo˨˩pʰi˧ma˨˩pu˨˩ sɿ˧	六祖未布兮	六祖无布靡，
tɕʰo˨˩ndzo˧ ʂɿ˧ ʑɪ˧ pu˨˩	邛佐先也布	邛佐就有了。
vu˧ʑɪ˧tɕʰo˨˩sɛ˥ŋɛ˨˩	武之六奢厄	武有六奢厄，
ndʐa˨˩ʑɪ˧di˧ kʰɛ˧ndɛ˨˩	乍之四开德	乍有四开德，
nɤ˨˩ʑɪ˧sɤ˧mu˧mu˧	糯之三蒙蒙	糯有三蒙蒙，
xɤ˨˩ ʑɪ˧sɤ˧ȵɤ˧ lɪ˧	侯之三尼礼	侯有三尼礼，
bi˨˩ʑɪ˧sɤ˧mu˧mu˧	毕之三莫莫	毕有三莫莫，
mɛ˧ʑɪ˧di˧hɛ˧hɛ˧	默之四赫赫	默有四赫赫，
tɕʰo˨˩pʰi˧ȵi˨˩tsʰɤ˨˩pu˨˩	六祖二十布	六祖布靡二十代，
dɤ˥ɣa˧di˨˩ tɤ˧ŋɤ˧	说也的就是	是这样说的。
nu˧no˧pu˨˩dzɛ˨˩ʂo˨˩	后乃布根理	叙布靡根由，
pu˨˩dzɛ˨˩ʂo˨˩ɣa˧no˧	布根理也呢	布靡根由是，
ma˨˩ lɪ˨˩ ɣo˨˩ ga˨˩	麻 列 俄 嘎	在麻列俄嘎，
pu˥ gɤ˨˩ ʑɪ˧	父 作 战	为 天 作 战，

mo˨˩ŋo˨˩ndɤ˧tʰa˨˩ȵi˨˩	母事管一天	为地办事日，
dʑɪ˨˩ndɤ˧dʑɪ˨˩ʂo˨˩pu˨˩	战争战用布	战争用布靡，
lɪ˨˩ mi˧ tʰo˨˩ dʐo˥	列米妥冲	在列米妥冲，
pʰu˨˩ tʰu˥ ŋo˨˩ fɛ˨˩pu˨˩	田开牧司布	农牧用布靡，
mi˧mi˨˩ pu˨˩dʐo˨˩ŋɡɯ˧	天地布在顶	天地尊布靡，
tʰy˨˩no˧tʰy˨˩lo˨˩ lɤ˥	其乃此是矣	就是这样的。
ʂɿ˧no˧ʑɪ˧bu˧ pu˨˩	先乃哎哺布	哎哺先为布，
ʑɪ˧ a˧tʂu˨˩ȵi˧ pu˨˩	哎阿祝乃布	哎阿祝布靡，
sɛ˥dzɪ˨˩ tʰu˨˩ȵi˨˩pu˨˩	奢哲吐乃布	奢哲吐布靡。
tʰu˥pu˨˩ tʰu˨˩mu˧vɪ˨˩	上布吐姆伟	吐姆伟布靡在上，
hɪ˨˩ʑɪ˧ tʰu˥tsɪ˨˩pu˨˩	乾之秩定布	为天定秩序，
bu˧ɣo˨˩ ŋɛ˨˩ȵi˧ pu˨˩	哺卧厄乃布	哺卧厄为布，
ŋɛ˨˩ ho˧ɣɯ˨˩ȵi˧ pu˨˩	厄洪遏乃布	厄洪遏为布，
ho˧ɣɯ˨˩tʰi˥ȵi˧ pu˨˩	洪遏梯乃布	洪遏梯为布，
tʰi˥pu˨˩ sɛ˥ lɤ˥ndɤ˧	下布奢娄斗	奢娄斗布靡在下，
tʰɤ˨˩ɣo˨˩ zɛ˨˩ ka˨˩ pu˨˩	地之序理布	理地上秩序。
nu˧no˧ pu˧po˥pu˨˩	后乃布婴布	后为布婴氏，
pu˨˩sɛ˥dzɪ˨˩ȵi˧pu˨˩	布奢哲乃布	布奢哲为布，
po˧ho˧ɣɯ˧ȵi˧pu˨˩	婴洪遏乃布	婴洪遏为布。
pu˨˩dʑɪ˨˩no˧su˧dʑɪ˨˩	布兴乃字兴	有布靡就有字
pu˨˩dʑɪ˨˩no˧ pʰɛ˧dʑɪ˨˩	布兴乃书兴	有布靡就有书
pu˨˩dʑɪ˨˩no˧mi˥dʑɪ˨˩	布兴乃文兴	有布就有文，
pu˨˩dʑɪ˨˩no˧gu˧dʑɪ˨˩	布兴乃史兴	有布就有史，

mi˩ dʑi˧ ʑɿ˩ a˧ vu˧	文兴优阿武	优阿武写文，
gu˧ dʑi˧ tʂʰɿ˩ hɛ˧ dʑɿ˩	史兴沓赫哲	沓赫哲编史。
mi˩ to˧ tʰu˧ mu˧ vɿ˩	文掌吐姆伟	吐姆伟掌文，
gu˧ to˧ ʂɛ˩ lɿ˩ ndɿ˧	史掌舍娄斗	舍娄斗掌史，
mi˩ tsʰu˧ gu˧ mo˧ pu˩	文创史作布	布摩创文史。
dʑo˧ ʂu˩ ʑɛ˧ ȵi˧ tʰɿ˩	局舒艾乃一	局舒艾一代，
ʂu˩ ʑɛ˧ ndɿ˩ ȵi˧ ȵi˩	舒艾氏乃二	舒艾氏二代，
ndɿ˩ kʰɿ˧ tʰu˩ ȵi˧ sɿ˧	氏叩吐乃三	氏叩吐三代，
kʰɿ˧ tʰu˩ ɣu˩ ȵi˧ ɬi˧	叩吐额乃四	叩吐额四代，
ɣu˩ kɿ˩ ko˩ ȵi˧ ŋu˧	额够葛乃五	额够葛五代，
tsɿ˩ kʰɿ˧ na˧ ȵi˧ tʰɿ˩	支恳那乃一	支恳那一代，
kʰɿ˧ na˧ ndʐo˩ ȵi˧ ȵi˩	恳那觉乃二	恳那觉二代，
ndʐo˩ dʑɿ˩ ʂɛ˩ ȵi˧ sɿ˧	觉直舍乃三	觉直舍三代，
dʑɿ˩ ʂɛ˩ so˩ ȵi˧ ɬi˧	直舍索乃四	直舍索四代，
so˩ lɛ˩ ʑɿ˧ ȵi˧ ŋu˧	索勒易乃五	索勒易五代，
dʑi˩ tsɿ˩ hu˩ ka˩ pu˩	日经月营布	经营日和月。
pu˩ po˩ zu˧ tsʰɿ˩ ʑo˧	布僰子十个	布僰有十子，
ʑɛ˧ no˧ pu˩ a˧ kʰu˧	长乃布阿苦	长为布阿苦，
pu˩ a˧ kʰu˧ ȵi˧ tʰɿ˩	布阿苦乃一	布阿苦一代，
kʰu˧ a˧ ɣu˩ ȵi˧ ȵi˩	苦阿额乃二	苦阿额二人，
ɣu˩ ɣu˧ nu˧ gu˩ sɿ˧	额额努谷三	额额努谷三代，
sɿ˧ ȵɿ˩ pʰi˩ tʂɛ˩ pu˩	三青祖祭布	在三极祭祖。
kʰu˧ a˧ du˧ ȵi˧ ȵi˩	苦阿度乃二	苦阿度二代，
dɿ˩ dɿ˩ tʰɿ˩ du˩	朗朗诵说	诵声明朗朗，
ɬi˧ ȵɿ˩ pa˧ tʂɛ˩ pu˩	四极妣祭布	在四极祭祖。
du˧ ɣo˩ so˩ ȵi˧ sɿ˧	度俄索乃三	度俄索三代，
tɛ˩ tʰu˩ bo˩ ȵo˧	代吐博略	在代吐博略，
ʂɿ˩ ʂo˩ ɕi˩ mi˩ pu˩	什勺七天布	为什勺天布摩。
ɣo˩ so˩ a˧ na˧ ɬi˧	俄索阿那四	俄索阿那四代，
tʰo˧ mi˧ tɕi˩ tʂɿ˩	妥米纪抽	在妥米纪抽，
mi˧ mi˩ ɕi˩ mi˧ pu˩	米靡七天布	为米靡天布摩。
a˧ na˧ ndʐa˧ ȵi˧ ŋu˧	阿那乍乃五	阿那乍五代，
hɿ˩ ŋgɿ˩ hu˩ so˧	恒耿洪所	在恒耿洪所，
dʑo˧ ɣu˩ ɕi˩ mi˧ pu˩	举偶七天布	为举偶天布摩，
ndʐa˩ a˩ vu˧ ȵi˧ tʂʰo˩	乍阿伍乃六	乍阿伍六代，
ndʐo˩ a˧ dʑi˩ du˧	卓雅纪堵	在卓雅纪堵，
tʂʰo˩ pʰi˩ ɕi˩ mi˧ pu˩	六祖七天布	为六祖天布摩。
a˩ vu˧ hɿ˩ tsu˥ ɕi˩	阿伍恒祖七	阿伍恒祖七代，
xɛ˩ tsɿ˩ ndi˩ tʰɿ˩	赫则甸体	在赫则甸体，
hɿ˩ ndʑɿ˩ ɕi˩ mi˧ pu˩	亥直七天布	为亥直天布摩。
ndʐa˩ a˧ mo˧ ȵi˧ tʰɿ˩	乍阿莫乃一	乍阿莫一代，
mo˧ lo˧ ȵo˩ ȵi˧ ȵi˩	莫洛略乃二	莫洛略二代，
mo˧ lo˧ ȵo˩ zɛ˩ no˧	莫洛略世呢	莫洛略时代，
ɣu˩ dzu˩ dʑo˩ ma˧ hɛ˧	额居住不利	额氏不昌盛，
ɣu˩ tʂʰɿ˩ dʑo˧ tʂɿ˩ za˩	额迁举纣下	额氏迁举纣，
ȵɿ˩ dʑo˧ kʰɿ˧ dɿ˩ lɿ˩	尼举叩入了	到尼举叩去。
mo˧ lo˧ ȵo˧ ɣa˧ no˧	莫洛略也呢	莫洛略氏，
pu˩ lɿ˩ ɣu˩ mu˧ dʑɛ˧	布去随马骑	骑马追额布，

ŋɡɯ˧ tʂʰɿ˩ du˩ zɿ˧ ŋgo˩	额迁后也追	追上了额氏，
tʰa˩ lɿ˧ ŋɡɯ˧ tʰa˩ lɿ˩	别去额别去	请额氏别去，
ŋɡɯ˧ lɿ˧ no˩ pu˧ lɿ˧	额去乃布去	额去布也去，
pu˧ tʂʰɿ˩ lɿ˧ ɣa˥ no˩	布迁了也呢	布摩迁走后，
ŋɡɯ˧ zɿ˧ zu˧ ho˩ no˩	后之子烧病	若有人生病，
ma˥ su˧ ŋgu˧ lɿ˧ gɿ˧	不人治者怕	就怕无人治，
go˩ li˩ ŋɡɯ˧ go˩ li˩	回来额回来	连请额回来，
ŋɡɯ˧ go˩ li˩ ma˥ nu˧	额回来不肯	额不肯返回，
tʰɿ˩ zɿ˧ ɣo˩ a˧ tɿ˧	此也后也就	就因为这样，
so˩ ŋɿ˩ ŋɿ˧ zɿ˧ tʰɿ˧	松　以　下	在参天松下，
so˩ tʰa˥ dɿ˧ zu˧ pʰu˧	松旁袋取开	把口袋打开，
tu˧　dʐɿ˧　tʰu˧	杜　氏　吐	有杜氏吐，
so˩ ve˩ tu˥ ŋo˩ lu˧	硕维妥在了	还有硕维妥，
ŋɡɯ˧ zɿ˧ tu˩ dʐɿ˧ tʰu˧	额之杜氏吐	额氏杜氏吐，
pu˧ zɿ˧ la˩ a˧ tɿ˧	布之手也持	操在布摩手，
ŋɡɯ˧ zɿ˧ so˩ ve˩ tu˥	额之硕维妥	额氏硕维妥，
pu˧ zɿ˧ kɿ˥ a˧ go˧	布之身也穿	挎在布摩身，
ŋɡɯ˧ mi˥ sɿ˧ tsʰɿ˧ dzɿ˧	额咪三十章	《额咪》三十章，
pu˧ zɿ˧ nu˧ a˧ to˥	布之耳也放	传给了布摩，
tʰɿ˩ zɿ˧ ɣo˩ a˧ tɿ˧	此以后也就	就这样之后，
pu˧ sɿ˧ kʰɿ˧ mu˧ gɿ˧	布三分作回	传三样本领，
ŋo˩ zɿ˧ pu˧ tʰa˩ kʰɿ˧	先之布一分	第一样本领，
hi˩ zɿ˧ hi˩ dzɿ˧ pu˧	天之理辩布	布摩识天象，
tɛ˧ zɿ˧ hi˩ dzɿ˧ pu˧	云之理辩布	布摩识天文，
tʰɿ˧ zɿ˧ hi˩ tsɿ˧ pu˧	地之理辩布	布摩识地理，
ʂɿ˧ zɿ˧ hi˩ tsɿ˧ pu˧	先之理辩布	布摩能辩史。
tɕu˥ zɿ˧ pu˧ tʰa˩ kʰɿ˧	二之布一分	第二件本领，
dʐo˧ ɣa˥ ma˥ to˥ pu˧	林也不枯布	能使林不枯，
dʐo˧ hu˧ du˧ de˩ pu˧	高山洞底布	能使山落洞，
he˩ ndi˩ ɣo˩ ŋo˩ pu˧	八坝禾也布	使平地生禾。
ne˩ zɿ˧ pu˧ tʰa˩ kʰɿ˧	末之布一分	第三样本领，
ŋɡɯ˧ zɿ˧ zu˧ ho˩ no˩	后之了烧痛	若有人生病，
pu˧ ɣo˩ li˩ ma˥ no˩	布随来不痛	布来病即除，
pu˧ kʰɿ˧ li˩ no˩ he˧	布到来乃愈	布摩到病愈。
ɣo˩ zɿ˧ du˧ tɕo˩ pʰi˥	后之人六祖	到六祖以后，
ŋi˥ mu˧ a˧ tsʰa˩ tso˩	谱作也座插	叙谱设神座，
va˥ pe˩ sɿ˧ zɿ˧ tʰɿ˧	猪膀三之下	下放三猪膀，
zi˩ tʰɿ˧ sɿ˧ zɿ˧ tʰa˧	针团三之上	上放三针线，
kʰu˧ a˧ he˩ du˧ du˧	福也根济济	福禄根济济，
tʰɿ˩ no˩ tʰɿ˩ lo˩ lɿ˧	其乃此是的	就是这样的。
so˩ tʂʰɿ˩ he˧ tso˩ za˧	索迁恒佐下	索迁往恒佐，
nɿ˧ he˧ tso˩ dɿ˧ lɿ˧	能恒佐人了	到了能恒佐。
mu˥ lɿ˧ so˩ mu˧ dʐɿ˧	摩者风马骑	布摩骑快马，
so˩ tʂʰɿ˩ du˩ zɿ˧ ŋgo˩	索迁后以赶	追上了索氏，
tʰa˩ lɿ˧ so˩ tʰa˩ lɿ˩	别去索别去	请索氏别去，
so˩ na˩ tʂʰɿ˩ lɿ˧ du˩	索你迁去后	索氏去之后，
ɣo˩ zɿ˧ pʰu˧ dʐɿ˧ dʐɿ˧	后之地大幅	有大片田地，
pʰu˧ dʐɿ˧ su˧ ma˥ ŋgu˧	田制人不治	无人去治理，

go˨˩ lɪ˩˧ so˩˧ go˨˩ lɪ˩˧	回来索回来	请索氏回来，
so˩˧ go˨˩ lɪ˩˧ ma˩˧ no˨˩	索回来不听	索氏不肯回。
dɛ˨˩ pʰo˩˧ pʰo˩˧ ɣa˧ ɣo˨˩	桃茂茂以下	在茂密桃下，
mu˥ a˩˧ so˩˧ ndzɤ˩˧ lɤ˧	摩与索商了	布摩与索商定，
so˩˧ ʑɪ˧ tɕʰɪ˨˩ tɕy˧ tsɪ˨˩	索之扇九节	索取九节扇，
tɕʰɪ˩˧ ʔu˧ fi˨˩ ȵi˧ ʑu˩	扇头厚乃取	取出大头扇，
mu˥ ʑɪ˧ la˨˩ a˧ tʂʰu˧	摩之手也赠	赠布摩手里。
so˩˧ gu˩˧ hu˩˧ ȵi˩˧ tsɤ˩	苏古百二十	《苏古》百二十，
mu˥ ʑɪ˧ nu˧ a˧ tu˧	摩之耳也放	也传给布摩。
mu˥ sɤ˧ kʰɪ˧ mu˧ lɪ˩˧	摩三分作来	布摩得三样本领。
ȵo˩˧ ʑɪ˧ mu˥ tʰa˩˧ kʰɪ˧	先之摩一分	第一样本领，
hɪ˩˧ ʔu˧ ma˩˧ pʰu˩ dɤ˩	天头兵群操	操纵天上兵，
he˩˧ dʐo˨˩ ŋgɛ˧ ʂɤ˧ ŋgo˩	天中矛持拉	持空中矛戟，
he˩˧ mɛ˧ tɕɪ˨˩ ɣo˩˧ lɤ˨˩	天尾驮鞍卸	卸天边马鞍。
tɕu˥ ʑɪ˧ mu˥ tʰa˩˧ kʰɪ˧	二之摩一分	第二样本领，
gu˩˧ ʑɪ˧ pʰu˩˧ ʑɛ˧ mi˥	耕之田大兴	拓大片田地，
mu˥ ɣo˨˩ lɪ˩˧ ma˩˧ dʑu˩	摩随来不兴	布摩不亲临，
mu˥ kʰɤ˧ lɪ˩˧ no˧ tʰu˥	摩口来乃拓	开口即开通。
mɛ˩˧ ʑɪ˧ mu˥ tʰa˩˧ kʰɪ˧	末之摩一分	第三样本领，
ndu˩˧ gu˩˧ dʑi˩˧ ȵo˧	宫 堂 庭 内	在宫庭之中，
ndzy˧ lu˩˧ ɕɛ˥ tʂʰo˥ mu˥	君民带伴摩	布摩陪君臣，
tɕʰa˨˩ tʰu˧ ʂɤ˧ nu˧	座 设 草 用	在 祭 祀 时，
pu˨˩ sɛ˩˧ ɕɛ˥ tʂʰo˥ mu˥	布神带什摩	陪伴布摩神，
tʂʰɤ˩ ȵy˩˧ ɣu˥ ɣo˩	宫 青 外 内	在丧场内外，
ʑo˧ zu˥ ɕɛ˥ tʂʰo˥ mu˥	生子带伴摩	陪伴着孝子。
tʰy˩˧ no˧ tʰy˩˧ lo˨˩ lɤ˥	其乃此是了	就是这样的。
pu˨˩ po˥ bɛ˩˧ ɣo˩˧ tʰɤ˥	布僰伯俄一	布僰伯俄一代，
bɛ˩˧ ɣo˩˧ vu˥ ȵi˧ ȵi˥	伯俄乌乃二	伯俄乌二代，
vu˥ a˧ na˧ ȵi˧ sɤ˧	乌阿那乃三	乌阿那三代，
vu˥ a˧ na˧ zɛ˩˧ no˧	乌阿那世呢	乌阿那那时，
pʰu˥ pu˨˩ zu˧ ma˩˧ pu˩	父布子不布	子不继父业，
pu˨˩ po˥ pʰu˥ a˧ ma˩	布僰父与母	布 僰 父 母，
pu˨˩ ʑɪ˧ ʑo˩˧ ne˨˩ ȵɪ˨˩	布也我心惊	做布摩害怕，
ʑo˩˧ va˨˩ vu˩˧ vi˩˧ dɪ˨˩	我胆颤是的	做布摩惊慌，
ʑo˩˧ ȵo˩˧ dzɤ˩˧ kʰu˧ dʐɛ˥	我乃顶位升	说要上天去，
vu˥ dɤ˩˧ tʂʰu˩˧ a˧ dɪ˨˩	鸟飞样也的	象鸟一样飞，
sɛ˥ mi˥ tu˨˩ lɤ˥ lɤ˩	知识千类类	上千类知识，
ho˩˧ gu˧ tɕɪ˨˩ sa˥ sa˩	见闻亿济济	无数的见识，
sɛ˥ bu˥ du˩˧ a˧ tsɪ˨˩	知竹棍也制	制竹棍作笔，
sɛ˥ lɤ˥ a˧ lu˧ go˧	知了也者写	写知识见闻。
pu˨˩ po˥ bɛ˧ ɣo˩˧ ȵi˧	布僰伯俄呢	布 僰 伯 俄，
dʑy˧ ndzy˧ sɛ˥ kʰu˧ bo˨˩	天君奢苦博	天君奢苦博②
ʂu˧ fu˧ ho˩˧ tɕʰɪ˨˩ xɤ˩	地王洪切侯	地王洪切侯③
ho˩˧ tɕʰɪ˨˩ xɤ˩˧ ȵo˧ ȵi˧	洪切侯里在	他就住那里，
ɣo˩˧ ʑɪ˧ du˩˧ tɕʰo˨˩ pʰi˥	后之人六祖	此即是六祖，
sɛ˥ he˩˧ ɕɪ˧	知 根 迎	知识发源地，
ho˩˧ hɪ˩˧ ɕɪ˧ lɤ˨˩ dɤ˧	识取迎去处	见识发源地，

t'y˨˩ no˧ t'y˨˩ lo˦ lɤ˥	其乃此是了	就是这样的。
ʂʐ˧ ts'u˧ mi˧ a˧ mu˧	始楚米阿姆	始楚米阿姆，
mi˧ a˧ mu˧ ȵi˧ pu˦	米阿姆乃布	他做了布摩，
ndʐa˦ mu˧ du˧ a˧ lu˧	乍姆度阿洛	乍姆度阿洛，
du˧ a˧ lu˧ ȵi˧ pu˦	度阿洛乃布	也做了布摩，
he˨˩ t'ɤ˨˩ ne˧ ly˧ pu˦	天地心愿布	顺从天地愿，
p'u˥ mo˨˩ ndzo˨˩ tʂ'ɛ˥ pu˦	父母礼敬布	把父母顶敬。
k'ɤ˧ a˧ lɤ˥	叩 与 娄	叩位和娄位④，
gu˥ ʑɪ˧ nɤ˥	沽 与 能	沽位与能位⑤，
ȵdʑo˨˩ ʂo˨˩ ma˨˩ ʑy˦ pu˦	经理不漏布	祭祀无疏漏，
t'y˨˩ no˧ t'y˨˩ lo˦ lɤ˥	其乃此是了	就是这样的。
ʂʐ˦ ts'u˧ gɤ˥ ȵi˧ t'ɤ˥	始楚勾乃一	始楚勾一代，
gɤ˥ p'ɛ˨˩ vɛ˧ ȵi˧ ȵi˥	勾迫稳乃二	勾迫稳二代，
p'ɛ˨˩ vɛ˧ pu˦ ŋa˧ sɤ˧	迫稳布那三	迫稳布那三代，
sɤ˧ t'u˨˩ tɛ˦ ʑɪ˧ ȵo˨˩	叟妥待以略	在叟妥待略⑥，
ts'ɤ˨˩ ȵi˥ la˦ ly˨˩ tɕ'ɪ˦	十二手愿学	学十二技艺，
kɤ˦ la˦ ly˨˩ a˧ no˧	匠手愿也呢	工匠有技艺，
ku˧ a˧ do˨˩ ʑɪ˧ ʈ'u˦	曲也直以管	掌握着曲直，
pu˦ la˦ ly˨˩ ɣa˧ no˧	布手愿也呢	布摩有技艺，
ʈ'u˦ a˧ ho˥ ʑɪ˧ ʈ'u˦	事已故者管	掌握已故事，
ndzy˧ tɤ˧ la˦ ma˨˩ ly˨˩	君只手不愿	君不要技艺，
la˦ ly˨˩ tɕ'ɪ˦ ma˧ no˧	手愿学不肯	不肯学技艺，
t'y˨˩ no˧ t'y˨˩ lo˦ lɤ˥	其乃此是了	就是这样的。

ʑɛ˨˩ ndʑi˨˩ gu˥	赢 吉 沽	赢 吉 沽，
dzu˧ lɤ˥ ndɤ˧ ɣa˧ no˧	阻娄斗也呢	阻娄斗两位，
ndʐɿ˨˩ tɕi˦ ndʐu˥ nɤ˨˩ pu˦	酒茶牲兴布	兴酒茶牲礼，
hɪ˨˩ ʂʐ˧ ts'u˥	恒 始 楚	恒 始 楚，
t'ɤ˨˩ ndʐa˧ mu˧ ɣa˧ no˧	投乍姆也呢	投乍姆两位，
p'u˨˩ t'u˥ ŋo˦ fɛ˦ pu˦	田开地司布	开拓出田地；
ʂo˦ gɤ˨˩ gu˥	硕 革 沽	硕 革 沽，
ɖɛ˦ lɤ˥ ndɤ˨˩ ɣa˧ no˧	勒娄斗也呢	勒娄斗两位，
tɕo˦ tʂ'u˨˩ dzu˧ gu˥ pu˦	禾立吃穿布	种五谷制穿着；
sɤ˧ ʔu˧ ȵy˨˩	叟 吾 尼	叟 吾 尼，
ɖi˧ tɕ'i˦ nɤ˨˩ ɣa˧ no˧	里启能也呢	里启能两位，
p'ɛ˨˩ t'ɤ˦ a˥ tʂu˦ pu˦	书出也立布	著书立说，
ȵy˨˩ dʑi˧ gu˥	尼 吉 沽	尼 吉 沽，
nɤ˨˩ dʑi˧ gu˥ ɣa˧ no˧	能几戈也呢	能几戈两位，
ts'ɪ˧ ndɤ˧ tɕ'ɤ˨˩ k'ɤ˥ pu˦	诉除讼劝布	调解诉讼；
bu˧ ɣa˧ t'u˥	楚 雅 图	楚 雅 图，
du˧ a˧ ŋɛ˨˩ ʑɪ˧ no˧	堵阿厄也呢	堵阿厄两位，
hy˧ mu˧ ndzo˨˩ k'ɤ˥ pu˦	牲作礼会布	以牲作礼物。
pu˦ po˥ zu˧ ts'ɤ˨˩ ʑo˧	布麫子十位	布麫的十子，
mi˧ mi˦ ȵɪ˧ ts'ɤ˧ k'ɤ˧ ʑɪ˧ pu˦	天地根十分以布	天地十类布摩祖。
ma˨˩ lɪ˨˩ ɣo˨˩ ga˦	麻 列 俄 嘎	在 麻 俄 嘎，
xɛ˨˩ t'u˥ xɛ˨˩ ma˨˩ t'u˥	甲备甲不备	任有无盔甲，
da˦ bi˥ da˦ ma˨˩ bi˥	戟背戟不背	任有无矛戟，
ʑo˧ k'a˧ ʑo˧ ma˨˩ k'a˧	兵强兵不强	任兵强兵弱，

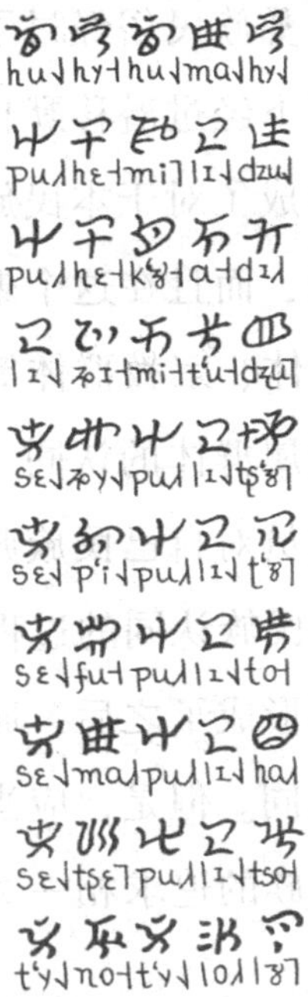

马壮马不壮	任马壮马瘦
布贤文来占	凭布摩贤文，
布贤口也生	凭布摩尊口。
列也米妥冲	在列米妥冲。
主道布来昌	家道昌靠布摩，
主规布来张	家规由布摩定，
主禄布来分	家兴靠布摩，
主势布来守	家运由布摩护，
主根布来立	家谱由布摩立，
其乃此是了	就是这样的。

注释:

①布摩，即彝族古代统治阶层中的“师”职，其地位仅次于君和臣。②奢苦博，知识山，传说在天上。③洪切侯，地上的见识海。④叩位、娄位，两个天神位。⑤沽位、能位，两个天神位。⑥叟妥待略，

布摩是彝语音译，“布”为“念经”之意，“摩”为“有知识的智者”，是专门替人礼赞、祈祷、祭祀的祭师，因彝语方言的差异性所致，布摩也被译为“毕摩”“白马”“比目”“笔磨”“拜祃”“兵母”“白毛”“呗耄”，其中，“毕摩”和“布摩”的提法较为常见。布摩在彝族社会生活中具有非常崇高的地位，是彝族文化的代表者、传承者和传播者。布摩在彝族人民的心目中，具有多重的社会身份，布摩可以充当祭师，完成各式各样的宗教职能，同时布摩也是彝族礼仪的主持者，指导着人事。作为彝族社会中杰出的知识分子，布摩必须要求有相当丰富的学识，需要参与彝族各种各样社会活动中，比如司仪、占卜、行医等，并且在彝族的文化活动中也要完成不同的文化职能，比如认定规范的彝族语言文字，还要精通天文学、医药学、农学、工学、哲学等不同领域的知识。在传统社会的彝族政权结构中，布摩也担任非常重要的“经师”作用和职能，我们从彝族的布摩文化及传统中可以看到彝族民众对于布摩的崇拜以及布摩所发挥的职能，从关于布摩产生的介绍中可以了解到彝族先民当时的生活情况及思想状况，能够使得民众对于彝族古代历史有更加深刻的认识和了解，强化民族的历史和文化记忆。

其次，彝族民俗是彝族人共同的民族标识。彝族民俗经过了先人们的创立以及伴随着彝族历史的发展而发展，在历代的耳口相传下经过潜移默化的作用使得彝族民众产生了强烈的民族自豪感和自信心，并在心中形成了对于本民族的强烈认同感。在人类社会发展的进程中，人类一般都是聚居生存的，而且在这个聚类的过程中形成了不同性质的群体，如地域群体、政治群体、经济群体、宗教群体等。无论是哪种类型的群体，都反映了群体成员对自身的认识以及对所属群体的认同。民族作为人类社会中的一种群体分类，彝族的民族认同感便是社会成员对自己民族归属的自觉认知。费孝通先生在对民族认同进行解释的时候提到，认为民族认同的过程就是“人己之别”形成的过程，从民族认同形成的过程来看，在民族形成了之后，通过民族之间交往和交流的增多，民族逐渐在内部形成了对于自我的认同。但是，应当注意的是，民族认同从来都不是孤立发生的，总是与民族的利益和民族的追求相一致，进而才能够形成属于本民族完整的民族意识。

再次，彝族民俗是彝族民族文化自信的根基。彝族民俗是彝族文化中的重要组成部分，对于发展丰富彝族文化起着十分重要的作用。彝族民俗通过在彝族民众社会生活中扮演的重要角色，以独具特色的彝族文化为底蕴和基础，通过对过去、现在、未来的彝族民众生产生活的影响，塑造了彝族民众的心智，人格的形成，彝族文化的发展，彝族民俗不仅是彝族文化不可或缺的一份子，还是研究彝族文化的有力工具。彝族民俗是彝族先民智慧的结晶，是彝族先民在长期的生产和生活实践基础上总结而成的有益经验，是彝族文化的重要组成部分。彝族的民俗是本民族文化和民族精神的外显化，是象征本民族特色的重要标志。因此，对于彝族民俗的认同实质上就是对本民族属性的自我认同，是对彝族文化的认同，而且也正是在对彝族民俗及其文认同的基础上才逐渐形成了彝族的民族意识和民族精神。因此，彝族民俗是本民族认同的标识，是本民族发挥思想政治教育作用的基础。

第三章 彝族民俗思想政治教育功能发挥的场域和内容

彝族民俗内涵丰富，与思想政治教育功能具有着内在的一致性，常常通过在日常生活中处理私人关系、公共场合中处理人群关系、生产活动中处理人与自然关系、信仰仪式中敬神祭祖活动等关系活动中依托各种民俗事项来有效发挥思想政治教育功能。彝族民俗作为思想政治教育的重要载体和工具，蕴含着丰富的思想政治教育功能，其中包含的世界观、人生观、人际观、自然观均能够作为有效加强民众思想政治教育的内涵资源，彝族民俗在开展思想政治教育过程中呈现出了生产生活规范教育、政治生活规范教育、待人接物规范教育、邻里相处规范教育、婚丧嫁娶规范教育、节日庆典规范教育、敬重自然规范教育等主要内容，全面渗透到彝族生产生活实践活动中，自然而然地发挥着彝族民俗的思想政治教育功用。

第一节 彝族民俗思想政治教育功能发挥的关系场域

任何一种民族的文化都不是虚妄的存在，它总是通过一定的载体体现出来。彝族民俗也不例外，它是彝族先民从一系列的生产生活实践中总结出来的，并且用以指导人们的日常生活，与民众的日常生活紧密相关，并且能够通过民俗活动、思想观念等对民众发挥思想政治教育功能作用。因此，彝族民俗在发挥思想政治教育功能时往往就会与彝族村寨各种社会文化交往交织在一起，涉及到处理家庭之间的关系，人与人之间的关系，人面对自然时的态度，人与祖先之间的关系等多方面。在处理纷繁复杂的各类关系中，彝族民俗成为人们教育教化选择的重要载体，充分发挥思想政治教育功能，在处理私人关系、人群关系、人与自然的关系、人与祖先的关系等方面发挥相应的民俗教育作用。

一、日常生活中处理私人关系的民俗教育

彝族民俗对民众如何处理私人之间的关系有着相应的规范要求，影响彝族人民对待个人关系甚至家庭内部关系的各种处理的方式。有人群的地方就有矛盾和纠纷，就会产生关系。而彝族民俗自然就成为日常生活中处理私人关系民俗教育，这一点尤其是在彝族的家支民俗中表现尤为明显。人是社会的人，不能孤立与社会而存在，历史上的彝族民众一般都是在一个村落或者群体中生活，这样一方面能够彼此之间相互扶持、互相照顾，另一方面还能够对抗其他民族的侵犯、应对自然灾害。基于此，建立在血缘基础上，伴随着彝族社会从母系社会更迭到父系社会的家支制度便逐渐形成。彝族家支一般来说是由父系血缘纽带组成且内部不通婚的的一个族群，是彝族社会历史上的家族社会组织体系。家支是“家”和“支”的总称，家支在彝族社会中的历史非常悠久，早在奴隶制社会以前的氏族组织蜕变期，父系氏族组织就具有以共同男性祖先名字为命名的传统，而且还实行世代相连的父子连名系谱，这样就将家庭社会成员紧密地联系在了一起。而在家支中的成员在行动时也一般是以家庭为行动单位，因为家支建立在父亲血缘的基础上，这也就使得家支的结构十分庞大，家支中的每个成员都是与每个家庭成员紧密相关的。而且受到彝族社会自身极为重视家庭观念以及受限于彝族社会的历史发展因素等各方面的影响，家支的观念是牢固刻印在每个家庭成员心中的，家支观念也在某种程度上被称为是一种集体意识，这种意识根深蒂固地根植在每个家庭成员的心中，影响了家庭成员对待其他人的态度。家支组织成员有维护整个族群财产的责任和义务，当整个价值的利益遭到侵害时，家支就会集体行动。除了对外的一致性之外，在对待家支内部的成员时，每一个社会成员都会秉持互相帮助、互相扶持的态度，当家支中的一个成员遇到困难或者问题时，家支中的其他成员都会赶过去帮忙。即便是对待家支中其他素未谋面的陌生人，家支成员在心中也会将其认定为是自己人，从而天然形成了在心目中的亲近和信任。家支制度主要是建立在血缘的基础上，只要有血缘关系的家支成员，都是属于自己人。因此，在处理问题时也会按照处理私人关系的标准，不仅在家支成员有困难时给与及时和温暖的帮助，而且在发生问题时，也会秉承不伤害家支成员，不损害家支集体利益为原则。彝族传统教育经典《玛牧特依》曰：

“[illegible]，亲家有话莫计较，

[illegible]，计较亲家话，

[illegible]，亲家变仇家；

[illegible]，莫离家族去，

[illegible]，保护靠家族，

[illegible]，离开家族了，

[illegible]，手指离掌去，

[illegible]，袖子离衣去，

[illegible]，苟活汉区去，

[illegible]，来客无人帮，

[illegible]，杀敌无人随，

[illegible]，一生苦不尽。”[79]

彝族民俗伴随在日常生活中处理私人关系活动中。在彝族家庭和日常生活中，关爱弱者和儿童、尊重近邻和亲朋、孝敬父母和老人是彝族人民必须遵守的道德准则，彝族人不仅在他们的行为中履行这些习俗，而且还教育他们的后代，让他们必须谨记并遵守这些道德行为规范。彝族人民普遍重视勤奋和节俭，反对懒惰、盗窃、绑架等行为，如彝族有鄙视偷盗者习俗，留下了“偷猫少两金”“偷盗者最贱”谚语。

“[illegible]，切莫行偷盗，

[illegible]，偷盗不光彩，

[illegible]，偷盗失人格，

[illegible]，人格丧失者，

[illegible]，青年负臭名，

[79] 吉格阿加．玛穆特依［M］．昆明：云南民族出版社，2005：41.

[illegible]。姑娘负丑名。

[illegible]，一处不会放，

[illegible] 十处滚滚去，

[illegible]，莫偷他人物，

[illegible]。偷了别人伤自己。

[illegible] 莫学偷骗者，

[illegible]，好男不穿偷来衣，

[illegible]。好女不吃偷来饭。”[80]

日常生活中处理私人关系的彝族民俗形式在彝族聚居区形式多样，它不仅培育了人们崇德向善的品行，而且引导人们在处理私人关系时也坚持和平的原则，进而在间接上影响了人们日常生产生活活动中的行为，促进了村落以及族群的稳定发展。

二、公共场合中处理人群关系的民俗教育

公共场合是彝族民俗发挥思想政治教育功能的重要场合之一。随着传统生活方式向现代生活方式转变，自然经济向商品经济以及市场经济的发展，彝族在日常的生产和生活中更加注重以家庭为生产单位，并逐渐加深了对于家庭的依赖性。以家庭为主要生产单位不仅对彝族生活产生了影响，而且在对民俗的传承和发展中也有一定的影响。在这种生活生产单位下，彝族地区逐渐形成了以家庭内“三祖”为主的祭祀崇拜民俗活动，并且民俗的传承和发扬也主要是在家庭内部进行。家庭成员对于如何处理私人关系、如何处理人群关系的教育也是通过家庭中的其他长辈通过言传身教而进行，家庭教育也成为了人们学习民俗、习练民俗、传承民俗、发展民俗的一种主要方式。由于彝文一般只有祭司布摩才认识，因此家庭父母对于子女的教育是后辈接受教育的主要传习。而且，即便祭司布摩认识彝文，在教育后代时也仅仅会传授自己的儿孙或者同支至亲的男性学习彝文，家庭教育便成为了主要的教育方式。但是由于当时社会经济发展条件有限，彝族人对于自然及其科学的认识也不足，一方面导致了彝族

---

[80] 吉格阿加．玛穆特依［M］．昆明：云南民族出版社，2005：66.

在对后代进行教育时内容显得朴素和简单，另一方面彝族对后代的教育内容主要是以人情世故、传统习俗为主，而不是传授后代自然科学知识。在家庭教育中，无论是贵族阶层的兹莫、诺合还是普通的平民阶层，传授最多的就是让子孙后代能够熟练背诵家支祖先的谱系，熟悉历史和业绩，这一点尤其是在男性后代身上体现最为明显。只有熟记家谱，才能保证男性后代在成年后准确无误地向后代传承本家支的世系，并且继承家支的事业。除了家支祖先谱系、家族历史等内容是家族后代成员重点学习的内容之外，对孩子进行社会习惯准则、人情世故世俗方面的教育也是主要内容，它能够保证子孙后代能够在处理与他人以及与集体社会的关系时不出差错，保证本家支事业繁衍兴盛。在大小凉山地区，只要是彝族的后代，无论男女都要学习彝族世代相传的谚语和训世箴言诗《玛木特依》。《玛木特依》说：

“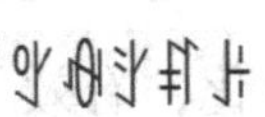，世间的人们，

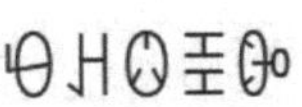，礼待朋友者，

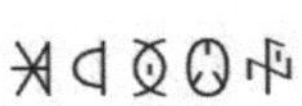，所往朋友多；

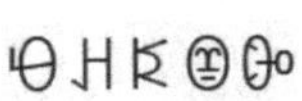，礼待兹莫者，

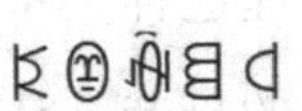；兹莫器重你；

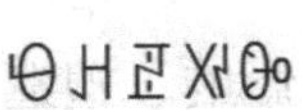，礼待家族者，

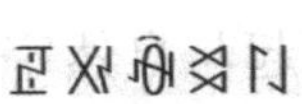，家族敬重你；

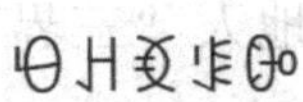，礼待亲家者，

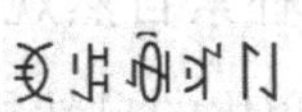，亲家乐联姻。”[81]

在曲诺以下的百姓家庭中，家中的长辈会采取言传身教的方式，教导后代应该尊重并遵守传统礼仪，在对待本家支以及其他家支的长辈时，都应采取尊敬和敬仰的态度，尤其是在公共场合中更应该恪守尊老爱幼的道德习俗，这样才能表现出本家支以及家支中的成员受到了良好的教育。

彝族民俗在处理与人的关系中有约定俗成的规范。彝族在公共场合中对待其他人也有着一定的民俗习惯，尤其是在对待长辈的时候。在许多彝族聚居区，如果晚辈在

[81] 吉格阿加．玛穆特依［M］．昆明：云南民族出版社，2005：8.

路上遇到了长辈，就应该立刻下马侍立。在一个公共场合中，如果遇到长者进入房间时，就应该马上为长者让座。有主人和客人的公共场合，主人应该坐到客人的左边，在给客人敬酒之后，如果自己也喝了酒，那么就要用手轻轻擦拭杯沿，表示对客人的尊敬和礼貌。同时，彝族民俗中对于女子的要求也比较多，尤其是女子出现在公共场合时，女子在和别人交谈时，应该笑不露齿，坐立时也应该双脚并拢弯曲立坐。还有关于彝族民众在公共场合应该如何对待长者等方面的各种民俗规则，虽然在现代看来，有些民俗习惯是落后不符合人文关怀的，但是通过对民众如何在公共场所处理自己与他人之间关系的教导，通过彝族民俗对民众思想政治教育上所发挥的作用，在彝族内部形成了一种尊老爱幼、互为帮扶的美德，进而影响了彝族的民族精神和民族气质。此外，彝族民俗关于处理公共场合人与人之间关系的教导，也在一定程度上发挥了乡规民约的作用，通过民俗习惯对人们行为上的约束、思想上的教化，有效规范和促进了彝族社会和谐发展。

三、生产活动中处理人与自然关系的民俗教育

人与自然的关系一直存在于人类历史的活动中，每个民族都有处理这种关系的民俗活动。彝族和中国其他少数民族一样，把自然当作孕育、养育人类的母亲，认为自然与人之间有一种生死与共的亲缘性，这种文化心态或直接或间接地影响、塑造着彝族人的宗教观念、思维方式和风俗习惯，他们在自觉和不知觉中建立起与自然宇宙和谐、和睦的生存、生活方式。[82] 彝族先民认识客观世界，首先是从天地人“三界”开始的，于是便有彝族的先天八卦和后天八卦，体现了远古彝族先民的朴素自然观和唯物主义观。彝族人通过与自然的和谐相处，把人的生老病死看作发展变化的自然规律，有“吃苦耐劳”的拼搏精神，有不安于现状而“穷则思变”的开拓思维，形成了天人合一、知行合一的人文精神，豪迈耿直、热情好客、敢于担当、勤劳勇敢、一诺千金等民族个性，尊老爱幼、忠本为孝、重礼信义等礼俗习惯。彝族人认为人也是自然界中的一员，即便人是有生命力、有肉体、具有自己的思想意识，但是人仍然是自然界发展到一定阶段的产物，是一种自然存在物。[83] 由此可以看到人是来源于自然界的。

---

[82] 彭卫红．彝族审美文化［M］．北京：中国社会科学出版社，2013：8.

[83] 南海．对人与自然的关系和人与人的关系的哲学思考［J］．科学技术与辩证法，2002（6）：1.

但是，伴随着人类社会的不断发展，人与自然之间的关系也发生了变化，顺应自然而生活也是人类生存的主要法则，即便是使用了木器、石棒、弓箭等外在工具，人们依然是利用自然来对付自然，很多时候在强大的自然面前人类还是渺小和微弱的。[84] 随着人类社会的不断进步，当人类从农业时代进入到工业时代之后，在强大机器面前，人类真正展现了对于自然界的全面征服，人类从自然界中无限制地掠夺资源用来社会生产和发展。尤其是人类社会经历了三次科技革命之后，技术的空前进步使得人们不断增强了对于自然的控制能力，也不断坚定了人们想要征服自然的信心和决心。工业化带来了人类生产力迅速发展的同时，也给自然界带来了前所未有的危机，森林减少、水土流失等自然环境问题逐渐从局部性小范围问题而逐步扩展到了全球范围，成为了危及全人类的核心问题。“任何一种文明方式都没有像现在的工业化那样存在着自身毁灭的危险，不认识到这一点很难想象当前的趋势会有什么样的结果。”[85] 直到这个时候人类才开始意识到人与自然和谐相处的重要性，才开始采取相应的举措保护自然。

在彝族社会生活中，彝族先民早就认识到了自然的重要性，意识到了人与自然和谐相处对于彝族社会发展，对于人类社会发展的重要性。在许多彝族民俗活动中，我们都可以看到彝族先民是如何阐释人与自然的关系，以及如何教导子孙后代应根据自然的规律去生产和生活。为了使得子孙后代能够真正尊重自然，彝族先民还在很多民俗中增加了对于自然的理解，因此多数民俗活动中也蕴含了彝族对于自然的理解，对于人和自然关系的理解。此外，彝族先民也在充分尊重自然规律的基础上形成了一系列的生产民俗，使得人们能够从生产活动中体会到自然的重要性，认识到尊重自然规律对于社会发展的重要性。

彝族的经济社会在传统生产方式中形成了一系列的惯制，并成为彝族物质生产民俗产生的基础。彝族生产民俗发展主要经历了采集渔猎自然经济到农牧并重的经济阶段再到以农耕为主、畜牧为辅三个阶段。虽然不同地区由于生产力发展状况不一样，在物质生产活动上有着一定的差别，但是彝族的物质生产民俗不外乎包含了畜牧、农耕、捕鱼、狩猎三种类型。无论是在哪一种类型的生产活动中，彝族民众都秉承着尊重自然的规律，并产生了一系列充分体现人与自然和谐相处的民俗习惯。例如，在农耕活动中，彝族在农业生产过程中会通过求雨、敬神祭祖等祭祀活动祈求自然的庇佑，

---

[84] 谢成海．环境危机反思：重估人与自然的关系［J］．浙江社会科学，2001（2）：94.

[85] 乔晓勤编译．危机与选择［M］．成都：四川人民出版社，1989：1.

保佑来年农业五谷丰登。此外，彝族还规定了一系列的农业生产禁忌习俗，例如“正月二十，天穿地漏，不事生产”“二月初一为土公生日，六月初一为母公生日，不事生产”“吃粮忌吃种，吃种是吃根”等。虽然这些禁忌习俗在现在看来有着一定的封建迷信味道，但是实质上是彝族对于自然的尊重，也从侧面体现了通过休养生息使得自然能够得以恢复的理念。而在狩猎活动中，也体现了彝族民众对于自然的尊重和敬畏。凉山彝族传说，虎、熊、豹、猴等六种动物属于有血的动物或者近亲，与人类祖先有着共同的渊源关系。人们在狩猎到这些动物的时候，只能取它们的皮毛，而不能吃他们的肉，某些情况下如果遇到这些动物，只能驱赶，而不能射杀。虽然这些狩猎禁忌主要是与彝族古代原始宗教崇拜有一定的关系，但是仍然体现出了彝族先民对于自然的敬畏之心。也正是怀抱着这颗敬畏之心，彝族在进行物质生产活动时，才会有所为有所不为，而这也正是人与自然相处的原则，是人类在征服自然改造自然时应遵守的规则。因此，在生产活动中，彝族民俗充分体现出了对于自然的敬畏，体现对于彝族在对待人与自然关系时的态度。

四、信仰仪式中敬神祭祖的民俗教育

彝族民俗在各种信仰仪式中蕴含着丰富的思想政治教育功能。彝族在生产水平低下、科学技术落后等条件的限制下，对于自然的认识不足。为了解决自然界中无法解释现象和问题，彝族民间形成了以祖先崇拜为核心，集自然崇拜、图腾崇拜、灵物崇拜为一体的信仰，并产生了各种祭祀、巫术和禁忌活动等。在彝族聚居区，很多地方盛行多神崇拜和祖先崇拜，人们认为在自然界中神灵无时不有、无时不在。通过对祖先的崇拜以及举行相应的祭祀活动，能够使得祖先的灵魂保佑子孙后代。在人死去后，要为亡人选择合适的坟地，请“布摩”念经开路，指引灵魂到该去的地方，并对亡人进行长期的供奉。而且，为了使得祖先免受野兽的打扰，彝族认为应对地神进行祭祀，借助地神的力量保佑祖先灵魂的安宁。

彝族祖先崇拜的思想基础是“三魂说”和“祖界”观念。“三魂”就是三个灵魂，彝族人认为祖先一般都有三个灵魂，这三个灵魂分别负责不同的事情，而且还有不同的归宿。其中一个灵魂负责守护焚场或坟墓，一个灵魂归祖界与先祖灵魂相聚，一个灵魂居家中供奉于祖先灵位上。无论是哪一个灵魂，如果灵魂不安顿或者没有受到相应的供奉都会影响到子孙后代的祸福，因此祖先的三个灵魂是同等重要，人们应采取同等重视的态度。“祖界”的观念也是彝族祖先崇拜的对象，祖界指的是始祖笃慕和后世各代先祖灵魂聚集之所，各地彝族的先祖都是从这里发端的。在彝文文献《指路经》中还对祖界进行了描述，“草上结稻穗，蒿上长养麦，背水装回鱼儿来，放牧牵着獐麂归”。从对祖界的描述中可以看到，祖界是一片美丽丰饶的乐土，对于祖先灵魂而言是一种理想的归宿。

彝族民俗在不同的仪式中发挥着不同的教育功能。为了使得祖先的灵魂能够得到安稳，彝族民众采取了各种各样的祭祀活动，祭祀目的也不尽相同，其中包含着欢庆新生命诞生及顺利成长祭祖、为消灾治病祭祖、庆祝丰年祭祖、求育生子祭祖、联姻祭祖等各种不同的功用。从这里也可以看到，彝族民众认为通过对祖先的崇拜以及相应的祭祀活动，能够从各个方面保佑和庇护子孙后代。在对祖先进行祭祀的各种民俗中，安灵和送灵是两种最重要的民俗。安灵就是指安置已经逝去祖先的灵魂。通过安灵的祭祀活动，一方面能够及时地对祖先进行祭祀，另一方面彝族也希望通过这种及时的祭祀活动使得祖先能够更好、更快地对后代进行庇佑。安灵仪式是一种在人死后很长一段时间后，由主人家请布摩举办的祭祀活动，包括了选灵竹、招灵附竹、制作灵位等程序，每一个程序都会有相应的习俗规定。而送灵则主要是由家支聚集举办，指的是将家族供奉的男女祖先送到祖界中。在举行送灵仪式时，家族中所有男女祖灵会由一对祖妣偶像来代表，将其装入同一个竹筒中。这种行为对于彝族家族具有着重要的意义，它代表着彝族对于自己家庭祖先的祭祀已经变成了对于家族的祭祀，进而强化了家族成员对于家族的认可，成为了维系彝族传统社会的精神力量。[86]

彝族祭祖仪式承载着缅怀先祖、敬奉祖灵的教育功能。祭祖大典作为全体氏族成员集体举行的最隆重、最盛大的宗教典礼，是彝族对于祖先崇拜的直接体现，也是一种具有强大约束力的社会仪式活动。彝族的祭祖大典规模非常大，在举行大典的时候，彝族会不惜投入人力、物力举办活动。不过，祭祖大典规模的大小也主要与氏族规模的大小有很大关系，一般实力比较雄厚的家族，会用几十甚至上百只猪牛羊进行祭祀。由于祭祀大典几乎是所有祭祀活动中最隆重、最盛大的，因此祭祀大典也几乎会吸引成千上万人参加。彝文经典中就曾形象生动地记述了祭祖大典中宰牺牲的情形：“祭

---

[86] 姊妹彝学研究小组巴莫阿依嬷，巴莫曲布嫫，巴莫乌萨嫫编著．民族文库之十六-彝族风俗志［M］．北京：中央民族出版社，1992：5.

祀场面大无比，椎牛似红岩层叠，屠猪犹黑石满坡，宰（绵）羊如白茧遍地。”[87] 由于祭祖大典规模盛大且非常重要，实力雄厚的家族还会举行长达一个月之久的祭祀活动，仪式和程序十分繁琐，每一个过程均需有专人进行负责，而每一个环节也有明确的分工，各项程序之间还必须紧密衔接，不能出任何差错，否则不仅会影响到祭祖大典，还会影响到祭祀的祖灵，导致后代不能顺利获得祖先的庇佑。因此，祭祀大典对于彝族有着非常重要的地位，也具有多重的社会功能。在祖先崇拜观念的影响下，彝族人认为要想使得祖先的灵魂进入到祖宗的行列，获得新生和安宁，必须通过后代祭祀大典的形式才得以顺利实现。如果祖先的灵魂不能顺利进入到祖宗的行列，那么祖先的灵魂就会变成孤魂野鬼，受到妖魔鬼怪的凌辱，这不仅是对于祖先的侮辱，更是后代的不幸和不尽职。

从彝族对于祖先祭祀等方面的习俗可以看到，虽然彝族对于祖先带有一定程度上的盲目崇拜，但是这种崇拜体现了彝族后代对于家族兴盛繁荣的期望。因此，各种对于祖先的祭祀活动是强化彝族家庭成员之间血缘认同、情感认同的重要纽带，也是连接彝族和家族跨越文化时空、心理时空的载体，汇聚成强大的民族心理河流，让广大彝族民族在参与祭祀活动的实践活动中更加认同自己的先祖，更加认同生于斯长于斯的环境，更加认同彝族民俗民族文化，潜移默化地发挥了促进彝族民族团结、增强彝族凝聚力的思想政治教育作用。

第二节　彝族民俗蕴含的思想政治教育基本观念

彝族在处理人与世界关系的过程中，彝族民众产生了对于理解自身与世界关系的一种观念，并且将这种观念上的理解通过民俗活动等方式展现出来，蕴含着彝族人民的世界观。在处理人际关系的过程中，彝族民众也形成了自身的理解并通过民俗外化出来，彝族民俗中也蕴含着一定的人生观。从彝族民俗对于处理人际关系以及处理人与自然关系的行为及理念中可以看出，彝族民俗也包含着丰富的人际观和自然观。

---

[87] 李兴秀编著．贵州西部彝族礼俗研究［M］．贵阳：贵州民族出版社，2009：173.

一、彝族民俗蕴含的世界观

如前所述，每个民族的民俗都天然地包含着一定的世界观，如果按照一般所认为的事物发展规律来看，彝族是一个具有朴素唯物主义世界观的民族。在被誉为彝族"百科全书"的《西南彝志》[88] 中讨论宇宙的形成时认为，"哎哺未现时，只有啥和哎，啥清与哎浊，出现哎与哺"，指出了清浊二气是世界的本源，天因清气往上升而形成，地因浊气徐徐往下降而形成。将太阳比作男子，将月亮比作女子，认为太阳是天气变的，而月亮是地气变的，太阳和月亮的交替出现使万物得到了阳光并有了生命。昼夜的交替是由阴阳交替产生的，清浊二气不断运动产生了山川树木河流。风云雨则是来自一个叫"阁吐"的海上，霜雪是在气候变冷后由露珠和雨变成，雾直接产生于大气的水分，其出现与清浊二气和"五行"运动分不开，电是地上的气缠绕天上的气而产生雷。彝族远古先民认为，整个世界就是一个普遍联系的有机整体，一切事物都处于普遍联系中，孤立的事物是不存在的。清浊二气变化，五行才产生，有了五行，万物才会有生命，人的存在则是以万物的存在为前提，人在一生当中必然会与其他各种事物发生联系和沟通，与万物长期共存、福祸相依。彝族人的世界观不仅仅具有认知性的特征，它更多表现在具有真实的实践性特征，总是通过彝族的民俗活动来体现。当人们通过种种现象进行自身行为的反思后，自觉主动地构建某种不是单纯表现外部世界状态或者孤立人性自身的世界观之时，那么这种世界观可以反映出关于如何更好地协调人类自身和自然环境的关系，进而发展至人与社会、人与人之间的关系构筑等问题，从而对于不同区域的人们更好地与该地区自然、社会构筑和谐稳定共同繁荣关系有很大的帮助。

彝族民俗实质上就是彝族民众对于理解自身与世界的关系而形成的一种观念或者概念体系。彝族在长期的生产和实践中，彝族人民一方面在生产和生活中总结出了一定的经验，另一方面将这些生产生活经验进行标准化用以指导他们或者后代的生产和生活。在这一过程中，勤劳善良的彝族民众从各个方面试图去理解和看待世界，从彝族民众的物质生活到精神生活，从日常的饮食起居到内心活动，都具有强烈的现实性，是彝族民众对于自身与世界关系的理解，是彝族民众对于协调和处理人与自然、人与社会、人与自身的关系总的看法和观点。彝族先民认识宇宙空间，辨别东西南北四方

[88] 热卧摩史著，王运权，王仕举译. 西南彝志化（一卷）［M］. 贵阳：贵州民族出版社，2004：5.

而赋予颜色标志，即东方青色，南方红色，西方白色，北方黑色，进而以四方加中央为五方，以中央为黄色，又将“福禄之源”的五行分为金木水火土。[89]《爨文丛刻•地生经》记载：东方青龙、木；南方赤龙、火；西方白龙、金；北方黑龙、水；中央黄龙、土；[90] 体现了彝族对世界的认识。因此，彝族很多的民俗内容中都反映出彝族对于世界的理解和认识，尤其是在彝族各种对祖先的祭祀活动中，深深映出了彝族民众对于世界、对于社会、对于人与世界之间关系的认识，反映了彝族民众世界观的表达。在彝族的民俗中，世界的万事万物都是有灵魂的，即便是在人们死去了之后也是有灵魂的，因此应通过各种活动祭祀祖先的灵魂和自然。在彝族的经典文集《觉摩教》中就反映出了彝族民众的世界观，指路经主要是为亡者的灵魂指路的吟诵经文，目的在于使亡者能够从住地回归到祖宗故居。指路经同时还记录了彝族古代的丧葬习俗，彝族人通过祭祀亡灵、送灵归祖这一系列的祭祀仪式活动，强调生命的重要性，强调人们应该关注子孙后代，珍惜自身所处的美好生活。因为在彝族民间认为，只有祖先安定、幸福，才能保佑子孙平安吉祥、人丁繁衍。此外，送灵归祖还有另外一个目的，就是祈求祖先能够庇佑彝族人丁兴旺、六畜兴旺，保持彝族能不断得以发展，这在“指路”仪式清晰地反映了彝族民众对于世界的看法。例如，通过歌颂亡者的一生勤劳和为人处世的种种美德，来反映出家族的团结与和睦，同时也让亡者能够欣然上路。通过重温祖宗的迁徙路线，教导生者和亡者都不能忘记彝族的历史，加深彝族后代对于祖源地的美好憧憬和崇拜，知道自己从哪里来，要到哪里去。藉此，彝族民俗代表的是彝族民众对于世界的基本看法，以及彝族民众处理与世界之间关系的看法，是一种世界观表达。

二、彝族民俗蕴含的人生观

彝族民俗体现了对人生的总体看法和观点。《宇宙人文伦》中强调修生养性的重要性，认为“不修身的人，名望出众的，见不到一个（即还没有先例），也并不存在。”于是要求“晚辈后生们，念念行善良，时时都修身，只有这样做，祖宗威望高，子孙才聪慧，自此势才大，行善得机遇，就是这样的，要郑重地修。”修身在于心性和养心性，“古往今来，修身的功夫，都在于心，在于求实际。”同时还指出了心术不

[89] 毕节地区彝文翻译组．爨文丛刻增订版（上）［M］．成都：四川民族出版社，1986：97.

[90] 罗国义、陈英译．宇宙人文论［M］．北京：民族出版社，1984：30.

正修不了身，不修身危害大，亦然没有好结果，要注重修养心性，“世间的人，养心即修性，胸中装善良，把此领悟到，就懂天地和生命，识天地根本。”而养心修性要服务于人生，“养身则心正，心正则长寿，此时境界高。天气满则清，气清则不死。”在该著作中的“十二条品行”还阐释了所指定的一系列家庭伦理和社会道德规则，包罗万象，主要有九大系，即“把父母孝敬，与兄弟友善，与婚姻和谐。真心待君臣，把布摩喜欢，与百姓和谐。把法令注意，把文化专研，把百姓培养。”这些观点与儒家士大夫修身养性、齐家治国平天下的观点具有相通之处。彝族聚居村寨，多数彝族人的人生总是追求体面、尊严、有价值地活着，这种观念伴随在生老病死、婚丧嫁娶、祭祀活动等丰富多彩的民俗活动中。[91]

彝族民俗充盈着对人生的深刻认识。彝族民俗活动相伴相生于社会生产生活动中，充溢着对于人生问题的行为实践、生活态度等的根本看法。从孩子出生，就要教会孩子背诵家谱，熟知自己从哪里来，不能忘本，在云贵川彝族聚居区形成了“叙谱”习俗。孩子不断成长中要教会其尊重长辈，路上遇上熟人要主动打招呼，与长辈进餐要请父母和德高望重的人坐“上席”。子女媳妇对父母讲话要轻言细语，与老人和客人同坐不能翘脚或箕踞而坐，否则就会被认为没有教养，不懂礼貌等等。长大成人后举行的婚俗也体现了浓郁的人生观，求婚、订婚以及迎亲过程无不体现出对男严、对女宽的伦理道德观念，蕴含了对美好生活的向往。过去的“哭嫁”民俗饱含了对父母养育的感恩，对亲朋的感谢，对生活独立自主的感怀。到死之后则要为死者念诵经文，总结人生的一般规律，教育人们要正确看待生死，这与今天贯彻落实新时代的人生观一脉相承，今天的人生观教育包括了四个方面的内容，即人生的目的和价值以及理想和态度。因此，立足于社会经济发展水平不断进步的实际，人民的精神文化需求进一步高涨，加大力度培养人民的正确人生观，使人们积极主动追求人与社会的整体和谐发展，引导人们确立科学的人生态度，无论是对于整个社会还是个人而言，都能更加出色实现其各自的存在价值和意义。[92] 从彝族对人生观教育的民俗活动可以看到人生观主要是关于人们如何对待生命、如何看待人生态度的概念或者构建人生发展体系看法，这些都在彝族物质、精神、社会、语言文字民俗实体活动可见一斑。

民俗活动承载着彝族对人生看法和态度。近年来，在云南大理巍山举办的彝族祭

---

[91] 王继超，罗世荣．宇宙人文［M］．贵阳：贵州民族出版社，2016：9.

[92] 王秀英．人生教育的创新性研究［D］．西安：陕西师范大学马克思主义学院，2010：6.

祖民俗活动，贵州大方举办的彝族祭水活动、奢香文化艺术节，四川大小凉山举办的火把节，广西隆林举办的祭公节和各地举办的大型民俗活动彝族年等异彩纷呈的彝族民俗活动中，我们都能够直接感受到彝族民众所体现出的人生观，看到彝族民众在面对各种人生问题、困难或者矛盾等难题时，彝族民众对于社会、对于人生等各个方面的体会、认识和看法。虽然彝族生活的地理环境相对较为偏远，交通条件也较为不便，而在经济发展水平等方面也与其他民族有着一定差异的条件下，彝族民众并没有丧失去生活的信心和热爱，反而是用饱满的热情投入到生活中，通过各种民俗活动方式表达对生活的激情，表达对民族的热爱和认同，并且还通过各种民俗以及仪式活动表达彝族民众对于生活的无限热爱。彝族人对人生的美好追求到死也不停歇，这种观念体现于彝文祭祀经典《投确数》记载的生老病死等过程，人出生后要取名、扬名，在成长中要学习、创业，做人要善良，互帮互助，人生病后要上山采药并配置药物治病，强调世上没有不死药只有止痛药，婚嫁要遵守本民族的礼仪，人死后要做祭，等等。彝族人有朴素的人生观，认为“天生一簇星，地上一家人；天上一颗星，地上一个人。生人就是生星，人死要祭祀星宿”，[93] 死后就要请布摩诵经引到天上，形成了独特的向天坟（向星坟）墓葬民俗，许多墓葬主要分布于贵州威宁、赫章、大方等彝族聚居区。在彝族的火把节中，彝族男女老少，身穿节日盛装，尽情跳舞唱歌、赛马、摔跤，在夜晚降临的时候，无论是男女老少都会手持火把，转绕住宅和田间，相聚一地烧起篝火，载歌载舞庆祝节日。在彝族的赛装节中，彝族女子不断更换新衣，展现自己的心灵手巧，并且还能够通过这个节日与男青年有较多的接触。此外，彝族还有被美国国际民间艺术组织评为最受欢迎的“全球十大民间舞蹈”打歌，每到收获、婚嫁或节庆的时候，或多或少的彝族民众会围着一堆堆熊熊的烈火，以四周沉寂肃穆的青山和深邃神秘的天幕为背景，合着芦笙、短笛、月琴和树叶吹奏的音乐节拍，男女手拉手，围成圆圈，逆时针方向踏足而歌，通宵达旦，兴尽方休，充分体现出了彝族民众朝气蓬勃的激情和对生活的热爱。

彝族的人生观既有对世界的认识，更饱含着对先祖的追思，对民族、族群的认同。从彝族的传统经典文集《指路经》中也可以看到彝族民众对于生活的态度和认知。《指路经》中包含了很多对于彝族民众的教育，如人死归祖与民族认同教育、血缘亲情观念与社会凝聚教育、价值观念与传统范式教育、生死观念与人生态度教育、神话

[93] 罗世荣，陈宗玉．投确数•祭祀经文篇（上）［M］．贵阳：贵州民族出版社，2015：5.

史诗与远古文化教育等。一个民族的精神文化风貌，集中体现在该民族在传统社会文化生活中对于仪式的重视程度。仪式活动对于一个彝族而言，直接表现彝族对于世界的认识以及对于人生的看法，通过观察一个彝族民俗的仪式过程，可以了解到该彝族在面对困难时，是如何通过仪式的方式，来凝聚民族内部集体信仰的力量，从而依靠集体的力量来实现生存和发展的需要。而且更为重要的是，在彝族民间传统教育方式中，祭祖的仪式是最为广泛的传播载体。由于现代的学校教育至今还无法整体覆盖到山区的每个角落，传统的仪式教育时至今日依然牢牢占据着主流。即便是学校教育高度发达的现代文明之中，不同民族从古至今代代相传的传统仪式教育，也存在着它自身的价值，并且有着现代学校教育无法取代的补充功能。彝族人民传统文化对于生命的思考也有相应的深度，随着年龄的增长人们不得不将面对生老病死，彝族人民通过各种各样的仪式活动，向世界表达了自身民族对生命过程的朴素观点以及直面死亡的乐观主义精神。这种豁达的人生态度恰好反映了彝族人民积极向上的生活态度，在这样传统朴素生死观的影响下，彝族人民最后的生命临终时刻会更加洒脱，他们相信以心怀感激的态度逝去，自己的灵魂会回到先祖身边得以永生。因此，在彝族民俗的各个方面都可以看到彝族民众对于生活的认知和态度，从彝族民俗活动实践中充分体现出了彝族民众的价值观。

三、彝族民俗蕴含的人际观

交往是人类重要活动方式之一，彝族民俗在处理各种人际关系的活动中蕴含着丰富的人际观。我们知道，彝族人际观是对人与人之间关系的基本认识和基本态度，这种彝族民俗活动覆盖了彝族人民生活的方方面面。彝族民俗产生于人们对于生产生活的总结，对于指导彝族民众的日常生产生活起到了重要作用，同时彝族民俗还渗透于民众的日常生活中，构成了彝族民众生活的一部分。在彝族民俗产生的过程中，集体及社会起到了重要的作用，而集体生活也是彝族居民的主要生活形态。尤其是在远古时期，彝族民众总是聚居在村落中，通过人们之间的互帮互助共同促进村落的壮大，并依靠不断壮大的村落来不断抵御外来其他民族的入侵。因此，聚居生活是彝族人生活的一种主要形态，在这种生活形态的影响下，血缘和亲缘对于彝族就非常重要，由此在彝族的习俗中也包含了人们对于如何处理人与人之间关系的理解，包含着人际关系的相关内容。

彝文经典《玛牧中德处事篇》说：

笃慕的后代，

吝啬莫随他人行，

吝啬一日十日难遇好；

对人莫失信，

失信一日十日无友交；

对人莫行骗，

骗了一天羞十天。

世间的女性，

切莫恨娘家，

护女还是靠娘家；

世间的男性，

莫对家族做坏事，

争理还是靠家族；

世间的君主，

真对臣民做坏事，

战争还是靠臣民；

世间的臣民，

莫对君主做坏事，

断案还是君主好。

世间的人们，

人间有规莫毁规，

水桶有箍莫毁箍。[94]

人际关系是处理人与人之间的关系，每个民族都有自己的人际关系，彝族在长期的生产生活实践中形成了独特的人际关系规范规则。彝族在处理各种人际关系的民俗活动中，最为典型的就是家支制度。彝族古代社会的家支制度有着极其强烈的血缘意识色彩，其形成并长期传承使用自然有其特定的历史条件和社会环境。而在彝族意识形态中，其精神内涵和思想内核正是彝族根深蒂固的根骨意识和血缘观念的产物，父

---

[94]　吉格阿加．玛穆特依［M］．昆明：云南民族出版社，2005：37-38.

子连名制正是其依附的外在形式。“家支”在彝语中并没有与之相对应的词，因此家支是一种汉语上的说法，最早是在清朝的文献中出现，主要指的是以父系血缘为主要纽带的家庭联合体。[95] 但是家支制度并不是一开始就形成的，而是在彝族社会经历了从母系社会到父系社会转变过程中而形成的。在初始时期的家支内部，生产资料是归大家所有的，家支成员共同耕种，公共事务也是由家支成员选举出来的族长去管理。如果遇到重大问题，一般都是召开家支大会共同解决，而不会将事情仅仅推给家支中的某一个人。因此，在家支内部，成员之间是相互平等，和睦相处，互帮互助的。虽然到了奴隶社会后期，由于生产力和生产资料发展水平的不同，在家支内部逐步产生了富人和穷人以及奴隶和奴隶主的差别，但是家支成员内部仍然会按照之前形成的一套家支制度体系去处理问题。此外，彝族在出现阶级分化之后，家支制度为了适应奴隶制度而发生了一些改变，但是仍然保留着一些特点，如每个家支都有一个称号、父子联名系谱、家支成员还有相互继承财产的权利，等等。最为重要的是，家支内部的成员仍然具有相互帮助、相互保护的义务。例如在彝语中有句谚语“亲戚再好，听着哭声就跑；家门再坏，听着哭声就来”生动描述了家支成员内部之间的互帮互助场景。如果某一家中缺乏劳动力，那么家支中的其他成员就要去帮忙干活，如果缺少家农具，也要相互借用。

家支是彝族处理人际关系的主要民俗形式。对于同一个家支而言，内部的每个成员身上流淌着同一种血液，是同一个血缘祖先的后代，因此家支成员之间相互帮助、相互救济、同气连枝既是一种理所当然，也是自己作为家支成员应尽的一种权利和义务，对他们进行帮助自然被人们内心深处所默许。即便是同一个家支内部的成员第一次见面，彼此之间也不会有任何的生疏感，依然会以一种亲密、坦诚的态度去对待他人，因为在人们的心中，家支就像是一个大家庭，家支中即便是素未谋面的成员也是自己人，是自己的亲人，而这一些都是建立在血缘和亲缘的基础之上的。[96] 彝族家支文化体系对彝族民众处理人与人之间的关系产生了重要的影响，建立在血缘基础上的家支制度规范和指导着族群彼此之间相互帮助、相互扶持的关系，既深深影响了彝族的民众，也塑造了人们对待处理与他人关系的态度，将家支内部处理人际关系的规则也扩展到了整个彝族家族乃至族群之外，培养了彝族人热情、真诚、善良的性格，进

---

[95] 张德元．凉山彝族家支制度论要［J］．贵州民族研究，2003（4）：47.

[96] 刘正发．凉山彝族家支文化特性初探［J］．中央民族大学学报（哲学社会科学版），2008（4）：50.

而成为了彝族人的民族品格。因此，彝族民俗中包含着彝族对于人际关系的处理和理解，而彝族人在处理人际关系时所表现出来的真诚善良特点也正是思想政治教育的必备要素，使得彝族民俗在处理人际关系的民俗活动中更好地发挥思想政治教育功能。

四、彝族民俗蕴含的自然观

彝族民俗的自然观是指彝族在各种民俗活动所体现出的对自然的认识和观点。彝族民众在日常生产生活中通过对自然界的利用创造出了丰富的彝族文化，并且在对自然认识和改造的过程中形成了各种各样的民俗。彝族民俗活动的内容反映出了彝族对于自然的认识，以及彝族民众在处理人与自然关系时的态度。彝族物质生产民俗之所以在各种民俗文化中处于核心地位，主要因为物质生产民俗不仅内容丰富，还与人们的基本生活紧密相关，具有地域性等特征，是彝族民众在生产活动中形成的风俗习惯。许多物质民俗是彝族民众在人与自然的斗争中，基于对自然及其规律的长期观察和思考而形成的有益经验，对彝族民众的生产生活具有着重要的指导意义。农业是彝族民众赖以生存的基础，但是由于之前生产力低下，人们无法与自然界进行抗争，因此只能够靠天吃饭，进而产生了对于自然的强烈依赖以及对于祖先的崇拜，并在这个过程中形成了彝族的农业生产习俗。彝族的农业生产习俗主要表现为农业祭祀活动和农业禁忌。在彝族农业的生产过程中，普遍存在着求雨、敬谷神和祭祖等方面的民俗活动，例如栽秧祭、祭三皇、祭荞神、青苗祭等，而在农业禁忌中则包含了雷鸣的时候不能下地生产等内容。[97]

彝族的民俗充分体现了彝族对于自然的认识，并且基于对自然的认识而形成了一系列的民俗，用以指导物质生产活动。彝族人长期观察自然，总结出了蕴含独特哲学体系的彝族十月历和十二月历，“十月历所依据的是一分为三、合三为一、统一规律的哲学体系，就其数理而言，属合体关系，十进制数的退位规律；以五行论之，则为相生相合。而十二月历所依据的是一分为二、合二为一、对立统一的哲学体系，就其数理而言，属并列关系，二进制数的进位规律；以五行论之，则为相逢相克”。[98] 同时在彝族布摩民俗文化体系中也充分体现出了彝族民众对于自然的认识，反映出了彝族一直以来所倡导的人与自然和谐的理念。从远古时候开始，布摩宗教便存在一种原始

---

[97] 姊妹彝学研究小组巴莫阿依嬷，巴莫曲布嬷，巴莫乌萨嬷编著．民族文库之十六-彝族风俗志［M］．北京：中央民族出版社，1992：41.

[98] 王子国译著．宇宙生化［M］．贵阳：贵州民族出版社，2016：9.

理念，即对于人与人、人与神、人与自然之间相互联系相互影响的深刻认识，它们相互通过彼此的制衡，达成了一种奇妙的平衡机制。而这种机制包括了人在协调处理意识与存在时的根本态度，并且布摩宗教将这种原始理念与宗教理念相融合，通过宗教法典的形式实现对人们的思想行为约束，将人的行为对自然生态环境的不利影响控制在最低限度。这些措施也反映了彝族布摩宗教的一个重要内涵，彝族人认为，每当面对疾病、灾害、气候异常、动物行为的反常之时，他们不仅仅停留在思考此时人与神之间关系的异常，他们也会思考其生态环境方面是否平衡。因为在彝族人看来，人类对自然资源的肆意掠夺、无视季节的耕耘和收割，都会牵涉到人与自然彼此之间的生态关系平衡，并且以此为基础，将思想升格到人的这种行为是否与神明的意志和谐的高度。在彝族人民对自然的思想观念中，人对于自然要么互相退避三舍敬而远之，要么达到平衡井水不犯河水，进而在彝族人民心中不断要求自身去追求更加积极向上、可持续不断与自然和谐共处的境界。我们可从彝族的《祭山神》[99] 中看见彝族人朴素的自然生态观念。

祭　山　神①
从古到如今，
彝家祭山神，
礼信没有变。
清明的前后，
久旱不下雨。
彝家有礼信，
博色把。
一方人商议，
请布摩柴摩，
上山博色把。
龙月龙日时，
博色米色把②，
省色省舍哆③，
祭礼是一样。
造扣博几打④。
砍金银，
造云梯。
搓草绳，
扎草龙。
草龙扎两条，
一条包红色，
一条缠绿色。
红色为龙公，
绿色为龙母。
清水用一碗，
浑水用一碗。
全部准备齐，
柴摩插神门。
拈初炭放下，
拉使牲到场，
用初炭洁净。
使牲帮忙人，
掰倒使的牲，
稳稳压地上。

⑨⑨ 禄志义．乌撒彝族礼俗典籍［M］．贵阳：贵州民族出版社，2012：602.

有的用白马，
没有用毛羊。
白鹅和白鸡，
论中用一样。
九座山上草，
九山上松果，
九山上石头，
九口井里水，
九座山上树，
九座山上泥。

九棵青竹子，
留下枝和尖，
架九对神门，
神门架大梁。
泡刺要九棵，
两面都有根。
鸡蛋也九个，
碗也要九个。
粮食要一斗，
斗上蹬一升，

布摩来奠酒，
布念奠酒经。
“米色把，
弥色把，
嗬色把[5]，
米肘细喳把[6]，
邑色把[7]，
鲁色把[8]，
博色把，
倮色把[9]，

发色把[10]，
省色把[11]，
闭色把[12]，
堵色把[13]，
昨色把[14]，
恨色把[15]，
垛色把[16]，
启色把[17]。
所有神，
全部祭。

量草索，
上云梯。
求神快下雨，
地中禾苗壮。
收粮装满仓，
养牲畜满厩。”
使牲人使牲，
布念杀牲经，
交牲经，
洗牲经，

翻牲经。
“交接给天神，
交接给雨神，
交接给龙神，
交接给水神，
交给雷电神，
交九十九神。
九十九天神，
来接走，
来领受。

⑪省色把：祭树神。
⑫闭色把：祭草神。
⑬堵色把：祭洞神。
⑭祖色把：祭食神。
⑮恨色把：祭风神。
⑯垛色把：祭火神。
⑰启色把：祭药神。

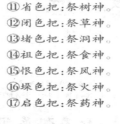

候　哦　候——，
喳　哦　喳　有　沟。”
全　部　祭　完　毕，
收　起　转　回　家。
剥　皮　砍　羊　肉，
右　腿　和　羊　皮，
馈　赠　给　布　摩，
煮　熟　羊　肉　吃。
说　的　是　这　样。

注释：

①彝语音译为博色把，意为祭山节仪式。
②米色把：意为祭天神。
③省舍哆：意为祭树神。
④扣博几打：意为神座、香案升斗。
⑤嗬色把：意为祭雨神。
⑥米肘细喳把：意为祭雷电神。
⑦邑色把：祭水神。
⑧鲁色把：祭龙神。
⑨倮色把：祭石神。
⑩发色把：祭岩神。

在彝族的宗教理念中，凡是以破坏生态环境、过度掠夺生态资源为代价的行为不仅是违反生态平衡和自然生态道德标准，更是对于自然界的一种不尊敬，是对于彝族宗教的一种不信任，而且这些行为要受到自然界以及自然界一切有灵生物的惩罚。彝族布摩宗教中对于万物有灵的认识，涉及到了彝族民众生活的方方面面，自然界的生物是有灵魂的，如动物、鸟兽等有灵魂，花草树木也是有灵魂的。虽然彝族民众为了维持基本的生活必须去砍伐树木，必须去猎杀鸟兽，但是也有一些鸟兽是不能猎取的，而对于已经猎杀的鸟兽等，彝族民众也会相应地举行寻求自然宽慰的祭祀活动。

彝族民俗体现对自然的敬重和保护。彝族布摩通过各种仪式对人们进行教导，指导彝族民众应遵守与自然和谐相处的规律，不能随意砍伐林木，不能随意残杀动物。如果在生活中违反了这些习惯，就要进行相应的赔偿或净灵仪式，否则就要对违反者进行惩戒。无论是在彝族的物质生产民俗，还是在彝族的宗教民俗中，都包含着彝族民众对于自然的认识，如在彝族的格言“山美水依之，树美鸟来藏”“山逶迤年兴旺，坝宽阔五谷丰收”等均体现出了彝族对于自然的尊重，并在和谐处理人与自然关系规则的基础上形成了涵盖生产和生活各方面的民俗，因而彝族民俗也可以称为是基于对自然的认识而形成的。

第三节　彝族民俗思想政治教育功能的主要内容

彝族民俗内容丰富。彝族物质民俗、精神民俗、信仰民俗和语言艺术等民俗在不断充实人们日常生活的同时，也通过对人们的行为方式及思想观念的教育而形成一系列规范约束人们日常生活行为的民俗活动，从各个方面对民众的行为进行规范教育，发挥维护社会秩序和教育民众的作用。因此，彝族民俗中所蕴含的思想政治教育功能天然地对民众生产生活等各个方面进行全方位的规范教育，具体来看主要包括了生产生活规范教育、政治生活中的规范教育、待人接物的规范教育、邻里相处的规范教育、婚丧嫁娶的规范教育、节日庆典的规范教育等方面的内容。

一、生产生活的规范教育

彝族人民千百年来形成了别具特色的生产活动规则，这些规则蕴含于彝族地区异彩纷呈的民俗文化事项中。在长期的生产活动中，形成一系列规范教育民俗的范式，有客人到家里时要热情接待，端茶送水给客人，让客人感觉宾至如归。彝文经典曰：

美食献我上
兹咪成我伴；
美食赐我下，
奴仆成我友；
美食送我前，
亲家成我伴；
美食给身边，
族人成我友。
吃进身内，
美在体外。
劣子操行差，
交不到朋友。

菜板不沾血，

亲家见了走；

甑子不沾饭，

家族见了走；

炒面不沾筷，

猫儿见了跑。[100]

四川大小凉山等彝族还有“打牛”招待贵宾的民俗，如果是珍贵客人到家时要“杀鸡宰羊”，更有甚者还要“打牛”招待贵宾，许多家庭为了表达自己盛情却忍痛将唯一最值钱的耕牛杀来招待客人。民俗规范着彝族人们的饮食习惯，形成了“无菜可以、无汤不行”的饮食民俗，这样的豪气和真情令人感动不已，无形中对主人家产生尊重和无限感激之情。在对待老人的态度上，彝族与许多民族一样有“百事孝为先”的习俗，无论是出门在外亦或在家庭中要尊敬长辈，孝敬父母，否则会被人们被唾弃，认为是不肖子孙。彝族在生活饮食习惯上也有自己的一系列习俗，许多彝族聚居区，彝族人在吃饭时可以不炒菜，但一定要有汤才吃饭，这种饮食习惯在彝族主食玉米饭、荞面饭和土豆饭等饮食过程中较为突出，一般都要配上一碗酸菜清汤，或者是肉圆根汤、辣子鸡汤等，若是家庭条件允许的，还是吃羊肉汤锅、牛肉汤锅等。总而言之，无论是彝族交通、建筑等物质民俗，还是信仰等精神民俗，彝族民俗总是以不同的民俗活动形式规范着人们的生产生活。

彝族民俗在生活活动的过程中还具有大量的理想信念教育资源。从彝族社会生活实践可以看出，彝族生活规则民俗是彝族人在长期的生产生活实践中不断积累的文化样式和精神财富。彝族民俗蕴含的生活活动规则同样具有思想政治教育的内容，例如在彝族处理人的各类关系民俗活动中，彝族民俗不仅教育人们要树立正当的利益观念，正确处理国家、集体和个人三者之间的利益关系，还引导人们理性地追求个人利益，通过正当手段如通过诚实劳动、合法经营等途径获得物质利益。彝族民俗活动中体现出的价值标准、道德观念和行为规范等，协调着社会群体的利益诉求，潜移默化地支配着人们的行为，对推动彝族地区经济发展具有不可估量的作用。彝族的优秀人物在人们的生活中发挥了榜样的力量，对彝族同胞乃至全国人民的理想信念教育和思

[100] 吉格阿加．玛穆特依［M］．昆明：云南民族出版社，2005：22-23.

想政治教育有着重要的价值和意义。例如，在中华民国期间，掌握了云南的军事和政治的国民党高级将领、国民革命军第二军将领、云南省政府主席龙云，其在位期间帮助云南解决军事内乱，停止军事战争，服从中央政府的领导，进一步稳定和巩固军队和政府在云南统一的政治局面，并为云南人提供了一个时期的社会稳定和经济发展。抗日战争期间，龙云率领彝族等十几个民族同胞共同建设云南缅甸公路，为维护祖国边境地区的和谐与稳定和祖国统一做出了突出贡献。在彝族历史上，有许多忠于国家、反对分裂主义、维护祖国统一、维护民族团结、反对战争、促进各族人民和平共处的人，为了国家和民族，他们舍小家顾大家，身先士卒，努力去拼搏，表现出为家为民为国的伟大精神，这是彝族人民和中华民族的宝贵财富，对当下新一代年轻人的理想信念、价值观和人生观的塑造有着重要的教育意义。

二、政治生活的规范教育

彝族民俗有着自身民族特色的政治生活规范教育活动，往往通过家支政权组织形式来规范人们的行为方式。彝族不仅有体制机制较为健全的土司制度，还有独特的家支政权组织形式等等，在维护祖国统一和民族团结等方面发挥了政权组织管理、家支家族体系、祭祀等各类社会民俗活动的政治生活规范教育作用，与思想政治教育中规范教育具有教育教化的类型性作用。我们知道，规范教育是思想政治教育实践中的可操作层面，通过具体的行为准则规范、政治规范等现实的、具体的、可教授的内容对人们行为及思想进行指导和规范，规范教育的范围覆盖到人们社会生活的各个方面。无论是在个人的家庭、职业还是在社会领域中，都可以看到规范教育主导下的政治规范、行为规范等方面的约束。不同的民俗活动呈现，告诉人们哪些是可为并符合思想政治道德规范的，以及哪些行为是不可取的，不能做的，是违背思想政治道德规范的，从而引导人们的行为。[101] 因此，彝族在政治生活中体现了规范教育的内涵，通过形式多样的彝族民俗实体活动去加强彝族民俗的思想政治教育，家支的政治规范体系中体现出尊崇族长号令、“水西则溪制度”中 48 土目绝对服从大土司管理的规定等等都包含着丰富的思想政治教育观念。彝族教育经典记载：

“[illegible]，居木的子孙，

[101] 方熹，沈旸．对规范教育与德性教育相整合的思考［J］．学校党建与思想教育，2016（9）：59.

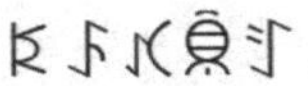，兹治不好政，

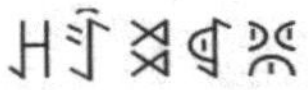，垮掉九方地，

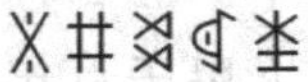，逃走九处奴，

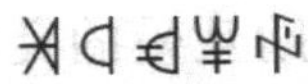。处处无着落。

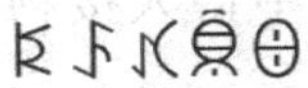，兹治好了政，

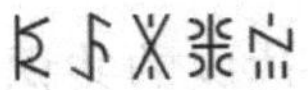，兹为奴增荣，

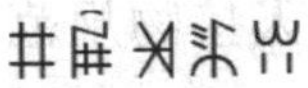。斗敌能胜利。

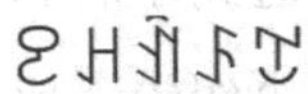，居木的子孙，

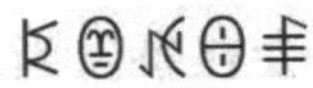，兹米有好心，

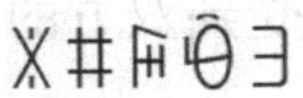百姓就兴旺……”[102]

（“居木”也叫“笃慕”“阿普笃慕”等，是滇、川、黔、桂四省区彝族共同尊奉的祖先。）

从上述的论证中我们可以得知，彝族民俗具有一般思想政治教育的政治生活规范作用。通过对民众日常生活的行为进行约束以及一些禁忌民俗，从而加强人们的行为规范，这种规范带有思想政治教育的特点。在传统社会，彝族民俗在政治秩序创建等方面发挥了重要的作用，而政治秩序规范教育一般都蕴含着思想政治教育思想，进而促进了彝族民俗思想政治教育作用的发挥。彝族民俗的各种政治生活活动虽然是表现在人们身上，通过人们开展一定的政治生活活动开展出来，但是在其表现形式上却彰显出时代的烙印和文化的传承、规范的教育以及思想政治方面的教育内涵。彝族民俗具有强大的力量，在长期的社会历史实践中，彝族民俗不仅成为当地制定社会政治秩序和政治规范的基础、行为约束规范的蓝本和指南，还在长期的生产生活实践形成了爱家、爱民族、爱国的一系列民俗活动形式。因为在彝族人的观念里，一个不热爱自己民族的人是不会爱家爱国的。

[102] 罗蓉芝．玛牡特依［M］．成都：四川民族出版社，2011：44.

三、待人接物的规范教育

彝族民俗待人接物的规范教育体现在日常生活的民俗活动中。待人接物规范教育反映了彝族人民的共同利益，是彝族社会文明程度的标志，也是彝族人民千百年来在民俗活动中常见的行为规范，孕育出彝族团结友爱的优良传统和互助互爱的良好品德。待人接物规范教育是彝族人们之间的“凝聚力”，彝族日常生活中待人接物规范教育与许多法律法规相一致，具有一定的权威性。解放前，彝族内部的矛盾和纠纷主要由社会伦理道德和待人接物规范教育来处理和解决，这是彝族人民达成的共识，它不是一个简单的社会现象，而是一种道德规范的社会属性，将彝族待人接物规范教育用于调节各方面的关系。而在没有国家的法律法规规定之前，彝族在遇到矛盾和纠纷时，习惯用社会伦理道德和待人接物过程中形成的各种民俗规范来解决纠纷，比如说彝族聚居区的乡规民约。待人处事的过程中发生矛盾时，彝族人通常会在事发当地及时找到调解人，这个调解人一般为村寨里德高望重的人，这个人一旦受到双方的尊重和信任，当事人同意调解，调解人就全权处理并产生效果，双方必须严格执行。彝区民间专门调解纠纷的人，彝语叫“德古”。“德古”，是知识渊博、能说会道、办事公正、具有正义感的人，他既熟谙彝族习惯法和彝族历史文化，也是彝族社会普遍尊重和认可的民间调解人。自古以来，彝族人民在邻里纠纷、家族恩怨、村寨矛盾等纠纷发生的第一时间里，都邀请“德古”来解决，“德古”也会公正无私地运用古今彝族“德古”范例、彝族习惯等调解纠纷。彝区的任何一起纠纷无论刑事、民事都邀请“德古”来执行判决，唯有这样才能得到发生纠纷双方的认可。今天的凉山彝区执法部门在处理民事案件时经常都要邀请“德古”来协助调解。由可以看出，“德古”在今天的彝族社会生活中依然担当着不可替代的重任。[103] 待人接物的彝族民俗在维护正常的社会秩序、维护彝族人民的团结和彝区的稳定中发挥了重要作用，体现了彝族人民对思想道德的重视和遵守。

彝族民俗待人接物规范教育贯穿于所有民俗活动中。彝族人通常这样说，“你敬我一尺，我就敬你一丈”，在待人上要礼貌，接物上要讲规矩。一旦有陌生人从门前

---

[103] 苏杰兵．“德古”在彝人生活中的作用［EB/OL］．https：//www. sohu. com/a/163148562_ 660944，2017-08-08.

路过，要主动打招呼并邀请到家里小坐，端上一瓢水，若是正在吃饭，常常会说，“阿老表，不嫌包谷饭老酸汤，随便吃一碗”，这些朴实的待人接物民俗在今天构建和谐社会建设中依然值得借鉴。彝族人还流传有这样一句谚语“好借好还，后借不难，若是不还，全家死完”，既体现了在相互借钱借物时的良好约定，还注重对不还者的诅咒和惩戒。时至今日，彝族聚居区在待人接物民俗活动过程中也会用彝族习惯法来解决彝区社会矛盾和纠纷。解放前，彝族地区待人接物方式也体现在热爱家、国的实践活动中，彝区人民无论大小，都互相支持，互相帮助，创造了一个和谐统一的景象。而为了反对统治者的剥削和压迫，彝族人民在中国共产党的领导下，在抗日战争和解放战争时期，同日本帝国主义和国民党反动派进行了不屈不挠的斗争，为祖国统一和民族团结做出了不可磨灭的贡献。在彝族传统待人接物规范教育活动中，彝族人民始终提倡德治和法治结合，通过伦理道德和待人接物规范维护自己的社会秩序，提高人民的道德素质。同时，彝族人更看重集体利益，强调族群利益高于一切，这些待人接物的传统美德都是思想政治教育的教育资源，对于新时代的思想政治教育具有非常重要的借鉴价值。

四、邻里相处的规范教育

彝族民俗蕴含着邻里相处的规范教育。彝族人民每当举办日常生活和生产劳动中的各类红白喜事活动时，除了亲戚朋友以外，邻居也会来帮助，体现了互帮互助的和谐邻里观，是“一方有难、八方支援”的团结互助精神的生动诠释，更是彝族人民邻里相处规范教育的集中体现。彝族民间有谚语曰：“近处的邻居，胜过远方的亲戚。”（[illegible]，[illegible]）彝文教育经典中说：

“[illegible]，莫打邻居狗，

[illegible]；打狗顾主面；

[illegible]，莫娶近处妻，

[illegible]，逃妻随时遇；

[illegible]，莫买近处鸡，

[illegible]，鸡逃回鸡家，

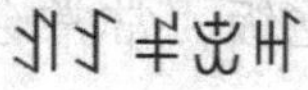，孩童难捉鸡。

……

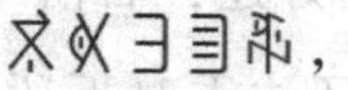，莫赚邻居钱，

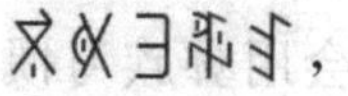，赚了邻居钱，

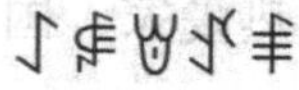，一生不光彩，

……”[104]

彝族古代社会主张“天人合一”，这也是彝族邻里相处民俗的内涵，符合当代和谐社会追求人与自然和谐、人与人和谐、人与社会和谐的价值观念。例如依靠传统二十四节气的自然规律，彝族人民在长期的生产生活实践工作中总结了自身的一套邻里相处的规范教育民俗，彝族人民在大自然的伟力面前，往往是在不同的节气集聚大家的力量先帮助急需完成农业生产的农户，然后轮到自家农业生产时又请别人一起劳作，许多地方叫做“换劳力”民俗，这通过这样的方式弥补了个人劳力不足的短板，也增加了相互之间的交流与互动。虽然邻里相处规范教育的主题同现代社会不同，但都是植根于农业文明社会，都包含着对自然规律的尊重，传达了人与社会、人与自然应该和谐相处的意愿。彝族人们通过清明节、祭山节、祭水节等节庆活动，建立人与人、人与自然的良性关系，自然形成一套邻里相处的民俗体系，同时还通过利用传统节日民俗教育功能形成友好和谐的邻里相处关系。

正如彝文教育经典中说：

处邻篇

忧时邻居伴

死时家族葬

莫赚邻居钱，

赚了邻居钱，

一生不光彩。

贤者莫惹邻居祸，

好狗不咬邻居猪。

---

[104] 罗蓉芝．玛牡特依［M］．成都：四川民族出版社，2011：15，39.

马牛看蹄掌，
智者一句话，
自会显贤明；
愚者说脏话，
丑陋自不知。
远亲不如近邻，
近邻不如菜园。[105]

彝族人民对邻里亲友的尊重，对彼此和谐的渴望，充分体现在具体的民俗活动事象中。例如在我国广西、贵州等地彝族聚居区中流传的“鱼祭”节日活动，至今已有450年的历史，每年六月的第六天，当地的彝族同胞都会聚集在一起争夺活鱼，在活动相互分享丰收喜悦，也自然建立起了轻松和谐的邻里关系。四川凉山彝族自治州的火把节是最流行的十个民间节日之一，也是中国最大最丰富的体现邻里和谐规则的民俗之一，这个节日最壮观的是参加人数最多，最具民族特色，体现着邻里和谐教育特点。据史料记载，火把节具有“以火为工”“持火照田以祈年”“以火会友”的意义，也就在火把节这天，邻里老少点着熊熊的火把一边庆祝，一边交流，洋溢着和谐欢快的节日气氛。在提倡生态文明建设的今天，我们应该总结彝族各种民俗活动所蕴含的邻里相处规范教育精髓，实现人民之间互相尊重、互相帮助、和谐相处的美好发展心愿。

五、婚丧嫁娶的规范教育

彝族婚丧嫁娶民俗的一套礼仪规范是维系彝族社会和谐稳定的“黏合剂”。彝族人认为，正确的婚姻和家庭价值观有助于形成一个正确的爱情观，崇高的爱情、美满的婚姻、和谐的家庭是社会稳定和发展的基础。婚丧嫁娶规则还是一种行为和调节的无形法则，能够对彝族人与人之间的关系形成一定的规范，是家庭生活和社会道德规范的一种特殊形式，这些准则和规范不是通过外部强制力推动的，而是依靠内部的意识来实现其制约功能，其行为干预的范围比法律更广。

彝族的爱情、婚姻和家庭是社会生活的重要组成部分。彝族崇尚礼仪，对婚嫁有

[105] 吉格阿加．玛牡特依［M］．成都：四川民族出版社，2011：15，40.

明确的规范，在贵州威宁、赫章流行的婚嫁礼俗里就有这样的记录：“嫁的如何嫁，娶的怎么娶？从古到现在，要行礼仪呢，一点也没变。不行礼仪呢，样样可不兴，随心嫁，随意娶。要行礼仪呢，阿买妻阿勺。接亲家谷勾，谷勾要陆外。彝家的礼仪，不兴就别兴，若要兴，一样接一样，一点不能错。从古到如今，彝家行礼仪，千年不会丢，万年不会丢。结婚与嫁娶，记载在书中。嫁的咋个嫁，娶的咋个娶，第一天，嫁姑娘。第二天，娶回来。姑娘怎么嫁，写下来，说下去，大家知来源。”[106] 这段记载既有对彝族婚姻自由的规定，也有对嫁娶的礼仪的明确的要求，其中还体现了“嫁出一个，娶进一个”的婚姻平衡礼俗。在解放前，广西、贵州彝族地区的爱情、婚姻和家庭伦理和汉族较为相似，子女结婚大多是通过媒人，彝族家庭严格管理男女的婚姻生活，如果男女犯下不当行为，他们将受到严惩，而在家庭中男女均有平等地位，相互尊重和爱护。在四川凉山和云南的彝族地区，彝族共同家族中不允许结婚的，年轻男女只能选择其他分支的异性，否则当事人将被当作乱伦来处理。此外，在彝族地区，彝族人认为他们的姑姑和他们的母亲是一样的，而由他们的姑姑生的表亲和他们的兄弟姐妹是一样的，严禁姑表近亲结婚。（彝族人认为姨姨和母亲是一样的，因此禁止姨表亲结婚，但提倡姑舅表优先婚）解放后，彝族地区的婚俗发生了一些变化，彝族人民严格遵守国家的婚姻法，树立新的婚姻伦理观念，遵循自由、婚姻、爱情平等的原则，男女都可以自由选择结婚的对象。

彝族丧葬礼俗上的规范教育形式多样。传统社会中的丧葬曾经历了火葬、箐葬、土葬、岩葬等变迁与发展。在有的彝区，至今还盛行火葬习俗，人们根据毕摩（布摩）测算，择吉日将死者焚化于高山深林间，让死者与大自然合为一体。从中可以看出彝族地区丧葬礼俗中充分利用自然、尊重自然安抚逝者灵魂的朴素观。在贵州黔西北地区，彝族在人死后对算期程、报信、祭祀念经、安葬及坟墓的指向选择等都有明确的规定，其中“数补”祭场面较大。祭祀时，主人家要选一片空旷的平地，用柏木棒和松枝搭建一座宛如东南西北门的城池，里面用绳索牵隔成“城堡”形状，将死者灵堂置于中央，前来祭奠的亲戚自带牲祭和粮食绕“城”祭祀，在布摩主持下，和着布摩念诵彝文“仇主”“脚母”等经书的声音，鸣放地炮，杀猪宰羊或打牛，摇铃起舞，吹奏唢呐，祭奠者舞动祭礼，手提灯笼弯腰哭泣于后，整齐有序绕灵堂三周、跪

[106] 禄志义．乌撒彝族礼俗典籍［M］．贵阳：贵州民族出版社，2012：181.

拜三次，敬献祭品。这一套丧葬祭祀仪式突出了彝族对先祖崇拜的思想观念，体现出布摩文化在丧葬仪式中的突出地位，整个葬礼过程也体现了左邻右舍互帮互助的自然约束，一旦有人不参与帮忙时就会受到谴责，而且其家人死后其他亲朋也不去帮忙。如今，在贵州威宁、赫章彝族聚居区，办丧事和祭祀时仍然要“跳脚”（彝语叫肯合呗），舞者边舞边唱“肯合”，歌词内容为赞扬死者功绩，或者是对死者沉痛哀悼，亦或是唱述古训等等，

凉山彝族丧葬经说：“死者贤老人，勤俭又持家，四处寻找粮，去宁南披彩，四处寻牛羊，到过那高山；四处找金银，走遍彝汉区；四处找丝绸，到过西昌城；父母有远见，造福为子孙。子孙报恩情，为老办丧葬；爹娘欠子债，娶亲还子债；

子欠父母债，男活九十九，已活九十九；女活七十七，已活七十七。早死早投胎，迟死欠死债，死债他已还；病人还病账，病痛已还死；父亲死去后，遗子留人间；母亲死去后，娶媳承母业。我们这家人，世上最美的，跟随雁飞去；人间英雄们，随着虎狼去。”[107] 对人们的立身处世和日常规范有重要的教育意义。总之，无论是历史还是现实中，彝族地区婚丧嫁娶的民俗有一套规范的教育体系，对新时代婚丧嫁娶习惯具有良好的思想政治教育意义。

六、节日庆典的规范教育

节日庆典是一个民族的共同文化记忆，具有经济文化交流功能和社群联络和娱乐舒缓的规范教育功能。彝族节日庆典民俗是特色鲜明、历史悠久、内涵深厚的民俗文化资源，是千百年来彝族人民智慧和经验的结晶，具有鲜明的民族和明显的地域特性，反映了彝族人的民族气质，同时反映了彝族人民共同的世界观、价值观和认同感，对维护整个民族的稳定和发展具有非常重要的作用。

彝族民俗节日活动既具有增进人们社交娱乐的规范功能，还有激励和凝聚彝族人爱民族、爱国家的教育价值。云南巍山缅怀中华彝族共祖民俗活动的内容为爱国主义教育提供丰富的资源，在激励彝族尊崇祖先、热爱民族的同时，更强调对国家的拥护和热爱。从这个意义上说，彝族的节日庆典规则直接关系到彝族的思想政治教育活动能否取得显著成效，达到预期目的。因此，彝族的思想政治教育要选择适当的资源，

[107] 贾斯拉核．凉山彝族丧葬歌谣［M］．昆明：云南民族出版社，2014：2-3.

通过挖掘和整理彝族节日庆典规则中的爱国主义教育资源，能更好地发挥彝族的爱国主义教育的效果。在革命战争年代，彝族爱国主义的典型资源包括红色资源，彝族人民具有抵抗外来侵略的勇气、保卫自己家园的决心、维护自己国家和民族发展的责任。彝族节日庆典民俗文化能够统一群体成员的思想和行为，维护群体社会生活的稳定，凝聚内部成员的向心力，协调社会生活。在传统社会中，彝族人民从社会日常生活中继承出来的彝族庆典节日文化，如祭祖等节庆具有一定的实用功能，有某种超现实的意义，但这种超越从未离开过日常生活。这种稳定的节日庆典民俗文化的存在，有利于彝族家庭和社会和谐，邻里之间的和谐，干群之间的和谐，甚至是村际关系。社会是不断变化的，每一种文化都必须不断适应内外部环境的变化，彝族人民优秀的节日庆典民俗文化不断吸收和消化新的生活方式和价值观念，扬长避短，形成优良的节日庆典风俗习惯，成为在节庆中共同遵循的道德和行为规范。彝族人民的节日庆典民俗是不同区域生产生活的经验总结，对彝族大众具有普遍的道德约束力，蕴含着丰富的思想教育功能，该功能通过彝族人民节日庆典活动的传承发展，保持了彝族地区节日庆典民俗文化的连续性，有效防止了彝族文化的断裂，维护了彝族地区生活的相对稳定。彝族火把节情歌内容极具规范教育意义："火把节人多，都来耍火把，不是红缨枪，无法去抗敌，不是枪支呀，敌不过强敌，不设美食宴，待不了众客，家里没肥畜，撑不了主人，不是好骏马，上不了跑道，不是壮牯牛，无法进斗场，不是那猎狗，追不了野兽，不到六月天，下不了大雨，不到寒冬月，不会下大雪，不是那阳光，白天不会暖，没有那月光照，夜晚没光明，不是那大雪，没物盖大地……没有那勇士，敌不过众敌，没有那美酒，和不了家族，家里没美女，攀不了高亲。不过火把节，聚不了众人，长辈留格言，过年的三天，什么都在吃，没人说你错，结婚三晚上，什么话都说，没人说你错，火把节三天，尽情在娱乐，没人说你错，弯处要撑直，不美要修饰。"[108]

七、敬重自然的规范教育

生态文明价值观的宣传教育是生态文明建设的重要内容，彝族人民爱护自然的民

[108] 中国非物质文化遗产《彝族火把节情歌》编委会．彝族火把节情歌［M］．成都：四川民族出版社，2010：42–43.

俗传统可以为生态文明建设提供较好的思想政治教育借鉴。当我们步入彝族聚居村寨时，这里的山川秀美，草木葱嵘，空气清新，杜鹃花开，通过自然体验之后，留在记忆深处的却是自然风光背后异彩纷呈的生活、节日、祭祀等民俗文化。这些民俗体现了彝族人热爱、敬畏、保护自然的朴素思想观念，“他们的神话传说来源于他们对宇宙自然最朴拙最奇特的想象，他们习惯于用如同大自然的鲜花一样浓烈明艳的色彩把源于宇宙自然的万事万物都绣织在服饰上，他们会随心而动在青山绿水间载歌载舞，他们喜欢在野外森林里和草坝上搭棚野炊，甚至在某些节日和牛、羊等动物一起共餐，如此等等，无不反映出他们与自然和谐、亲密的关系。”[109] 彝族传统民居非常相信风水，彝族人民的生存环境的选择本来就是生存的需要，但是随着实践经验的积累，彝族总结出一些具有积极成分的感性体验，将“阴阳”“天人合一”的思想渗透到建筑和民居民俗中，房屋往往选择水文和气候条件好的地方建设，风水虽然神秘，却蕴含着彝族人与环境和谐相处的美好追求。此外，彝族人有树神崇拜和山神崇拜习俗，在彝族民间信仰土地崇拜和自然崇拜中，爱护土地资源和保护环境的爱护自然的规则也具有非常大的作用，彝族地区崇拜图腾、自然和某些动植物，他们认为这些都是有精神存在的东西，所有的东西都应该有敬畏之心。彝族人认为诸神中最有力量的是风、雨、雷、电，从古至今，许多彝族村寨都建有山庙供奉山神，彝族人在山神庙里安放了一块石头代表山神，体现了彝族人在崇拜山神的同时也崇拜石头，相信石头可以保佑孩子免受疾病的折磨，彝族父母经常带着自己的孩子去祭祀石头，用石头命名。彝族十分重视生态环境的保护，多数彝族村寨都制定有不成文的乡规民约，被誉为古代彝族地区的环境保护法。这些民约中明确规定禁止在春天捕猎，禁止捕捉幼小动物，禁止乱砍乱伐，体现出彝族民众朴素的环保理念。彝族人把爱护自然的规则在日常社会生活中自然融入到思想政治教育的范畴，既是时代赋予思想政治教育的使命，也是思想政治教育的价值自觉。党的十九大报告指出：建设生态文明，是关系人民福祉。在当前大力推进生态文明建设的背景下，我们应该从这些彝族传统生态伦理学中去找寻现代价值，充分利用彝族爱护自然的民俗规范教育传统来对民众开展思想政治教育，对人与自然关系的和谐建构具有非常重要的现实意义。

[109] 彭卫红．彝族审美文化［M］．北京：中国社会科学出版社，2013：9.

第四章　彝族民俗思想政治教育功能发挥的方法与路径

彝族民俗是彝族民众在长期的社会生产生活实践中创造和享用的文化空间，通过其特有的方式方法和路径来实现思想政治教育，在流布和传承的过程中形成了言传身教、示范模仿、以戒施教、环境感染、礼仪熏陶等思想政治教育方法，催生了许多彝族民俗文化事项。彝族民俗在经历数千年发展后依然深深扎根在彝族民众的日常生活行为活动中，在生活领域、生产实践活动领域以及婚丧嫁娶等特殊情境场合等活动中有效发挥了思想政治教育功能。通过从服从到认知、从行为到思想、从自发到自觉、从接受到创新、从受教者到施教者多种路径教育，彝族民俗自然渗透到彝族民众生活的各个方面，以俗化人，以俗育人，春风化雨，润雨细物，彝族民俗在传承创新中不断发挥思想政治教育功能的民间化和生活化作用。

第一节　彝族民俗思想政治教育功能发挥的方法

思想政治教育的方法指的是对民众进行思想政治教育所运用的路径及方式，目前普遍认为思想政治教育的方法具有指向性、联动性、综合性的特征。基于此，我们可以知道思想方法和工作方法共同构成了思想政治教育方法。一方面涵盖了受教育者自我教育的方法，同样也涵盖了教育者自身的施教方法；既包括思想政治教育本身存在的过程方法，也包括了各类层次性教育的方法。因而在彝族民俗思想政治教育功能发挥和传播过程中使用的方法，既包括了自我教育方法，也包括了学习榜样等方法，主要表现为言传身教、示范模仿、以诫施教、环境感染、礼仪熏陶等方面。

一、言传身教

彝族民俗通常以“以俗化人、以俗育人”的言传身教方式对民众进行思想政治教育。彝族民俗通过彝族先民一代又一代的言传身教，一方面保留了彝族传统的生活习惯和传统，另一方面又逐步确定了彝族民俗在彝族文化中的地位，也使得彝族民众对于本民族民俗及文化有了更加深刻的认知，增强了本民族的民族认同感。即便是在彝族民俗通过言传身教方式发挥思想政治功能作用的情况下，思想政治教育方式也发生了些许的改变。对彝族民俗言传身教的方式，民众最开始是为了维持生产生活秩序，到后期却是从内心深处认同彝族民俗，并通过各种场合进行言传身教，努力扩大彝族民俗的知名度和影响力。例如，彝语是彝族社会社会生活中主要的交流工具，时至今日仍有许多人还在使用它，但是随着现代社会的不断发展和汉文化的不断渗透，彝语也如同绝大多数少数民族语言一样，遭遇了空前绝后的挤压和挑战。尤其是近些年间，沿海劳动密集型企业的不断壮大，身强力壮渴望创造更多财富的彝族青年“孔雀东南飞”，经过仅仅数年的打工生涯，他们在现代生活中缺少了母语表达的空间。虽然在外打工和工作的彝族同胞的普通话还带着浓厚的彝腔，但更为明显的是他们已经渐渐失去了使用彝语的环境和兴趣，甚至在说彝语的时候，还会特意带上汉语词汇，更有甚者还以不会说彝语为荣。事实上，并不是许多彝族人不会说彝语，而是经历了现代工业社会洗礼后的彝族青年生活行为在悄然发生变化，他们都觉得彝族的一些民俗风情已与现代化社会生活格格不入，是文化落后的表现。显然，这些都是因为现代文化和文化现代化渗透造成的结果，因为这部分彝族青年的彝族文化基因基本上被现代信息给消解了。因此，一直致力于翻译并保护传承彝族文化的王继超先生疾呼，少数民族语言民俗是本民族文化的载体和灵魂，如果将本民族语言民俗都丢失，那么本民族文化也步入了岌岌可危的境地。因此，王继超先生总是以身作则，现已年逾古稀的他从小至今一直坚持说彝语，在只要能使用彝语的任何场合都会使用彝语而不是普通话。例如在参加全国“两会”时，王继超也会着彝族民族服饰出席，致力于通过自身的言传身教保护彝族的语言民俗和服饰民俗，保护彝族的民俗文化。除了王继超之外，还有很多彝族人大代表都在通过言传身教的方式传承和宣传彝族民俗，如人大代表吉狄马加、杨甫旺、文正友等在参加全国人大会议时都会身穿彝族服饰，在为保护和宣传彝族民俗文化行动中发挥言传身教的作用。

可以这样说，言传身教就是通过自身的言行来对他人产生影响，彝族民俗往往以各种活动实体发挥了对彝族民众的教育教化作用。彝族民俗浸润于民众日常生活的各个方面，既包括了精神上的宗教信仰、民族崇拜，也包括了物质上看得见摸得着的服饰民俗、饮食民俗等，彝族民俗在对民众进行教育教化的过程中形成了各种各样的思想政治教育方法，其中最直接的方法便是通过言传身教的方式来进行。我们知道，彝族民俗产生历史悠久，在彝族先民生活的远古时期，为了表达对神明的崇拜，祈求整个民族的安定和稳定，并且受到当时落后的自然经济条件影响，彝族民俗在形成时期未能以有效的方式或途径对其进行保存，因此更多地是通过口耳相传、言传身教的方式来进行。尤其是在彝族家族中表现最为明显，一般而言，彝族家族中会结合本民族社会风俗形成一定的生产生活活动规则，例如生孩子后一个月不准进灶房、不准到井边，不准到神位处去，不准进别人的房间，不准与公婆同餐等禁忌民俗，晚辈在最开始的时候并不知晓具体的民俗规则，都是通过长辈们的亲身实践进行教育和指导，并且通过一代又一代祖祖辈辈不断的言传身教方式对后代进行民俗规范上的教育。通过这样一代又一代的传播和教育，彝族民俗逐渐建立起了相应的规范，并且慢慢地成为了整个民族自觉遵守的、不成文的规范和准则。在彝族民俗传承和发展的过程中，民俗自身也得到了一定的净化和发展，进入到了一种取其精华、去其糟粕的阶段，其中一些落后的、不良的民俗习惯逐渐被丢弃，保留了对于彝族较为有益的民俗习惯，再历经一代又一代彝族先民言传身教，使得彝族民俗深入到了每一个彝族民众的心中。

二、示范模仿

彝族民俗的示范模仿是指民俗在流布发展的过程中通过民俗活动吸引人们参与学习和体验，在示范模仿中学会各种思想道德行为、知识技能、思想观念等的方法模式。彝族民俗的示范模仿主要有两个方面：一个方面是家庭对家庭成员的示范，家庭长辈通过参加一定的民俗活动以及在精神上的信仰，为家庭成员及后代建立了示范，在未来开展的民俗活动中，家庭中的后代通过在日常生活中对家族长辈的模仿，也会遵守相应的规则去参加或开展民俗活动，从而在家庭耳濡目染的风俗习惯宣教中，自然让家庭后代树立与长辈一脉相承的思想，进而成功实现了彝族民俗对民众的思想政治教育作用。另一个方面则主要是通过先进人物的示范作用。在以上的分析中，我们已经专门论及先进人物在带动普通民众方面的积极作用。开展思想政治教育的实践中，通过发挥先进人物思想或行为上的示范作用，也能够使得民众主动向先进人物看齐和靠拢，进而能够发挥对家庭示范作用更加强大和广泛的影响力。例如，彝族母语作家阿库乌雾一直坚持母语创作，任教于西南民族大学彝学学院，创作出了当代彝族文学史上第一部彝族母语现代诗歌《冬天的河流》和第一部现代母语散文诗集《虎迹》，这两部作品还开创了彝族母语文学史上一个新纪元，并标志着彝族母语诗歌（文学）创作跨入了一个全新的时代。作为一名学者和彝族先进人物代表，阿库乌雾一直都致力于传播彝族语言和彝族文化，他认为对古老彝族文化的研究不仅唤醒了他的民族文化自信心，同时也唤醒了作为中国多民族国家新一代少数民族知识分子的时代使命和历史责任感的自觉。一直以来，阿库乌雾坚守在彝语高等教育这个母语文明保护与传承、创新与发展的重要阵地上，矢志不移地为彝族母语文化的传承、传播，为母语高等教育奉献自己全部的才华和精力。正是由于有着阿库乌雾这样的先进人物对于彝族语言文化的坚持，带动了彝族语言文化的传承与传播，带动了彝族青年大学生们对于彝族语言的重视和学习，通过先进人物的示范作用，推动了中国少数民族文化遗产的抢救与保护。

先进人物是对人们开展示范模范教育的活教材。彝族在历史上曾经涌现出了希慕遮、支格阿鲁、笃慕、奢香夫人、小叶丹等英雄豪杰，不仅对彝族普通民众的社会生产生活泽被深远，而且还在某些方面成为了人们学习模仿的对象。研究表明，先进人物对于其他普通社会成员具有良好的示范、警示、激励作用。先进人物的行为实践中蕴含的品质，以及具体的方法方式，可以代表某种精神作风和潮流趋势，用以引导和指导其他人做人做事的思维方式，利用先进人物的示范性作用，通过不断的宣传和推广，由此及彼，循序渐进地使先进人物的优良品质和行为规范成为整个社会的精神文明向导，从而不断指引人们精神文化的前进方向和构建社会主义和谐道德观。[110] 由此可以看到彝族先进人物和民众之间具有的双向关系，彝族的先进人物通过示范作用带动对普通民众进行思想或行为上的影响和教化，而普遍彝族民众则通过对先进人物行为或思想上的模仿，不断向先进人物去靠近，缩小自身与先进人物之间的差距，通过这种示范模仿的作用实现对普通民众思想政治上的教育作用。在彝族民俗体系中，彝族民俗文化是彝族传统文化中的瑰宝，虽然彝族民俗整体上是社会和集体的创造，但是在彝族民俗的传承和发扬中，仍然需要依靠少数先进人物的带动和示范作用，通过先进人物的影响力和威望，号召普通民众模仿先进任务的行为和思想，进而保证了彝族民俗能够深入到每一个彝族民众的心中。而在彝族民俗传承和享用的过程中，彝族民俗通过对彝族民众进行行为和思想上的引导，对彝族民众加强思想上的教育，体现

---

⑩ 李秀娟．传统道德文化现代践行的榜样示范［J］．中南大学学报（社会科学版），2012（2）：11.

了彝族民俗示范模仿的方法。

客观地讲，任何民族都有自己的伦理体系，这些伦理体系一般蕴含在丰富的民俗活动事象中，彝族也不例外。彝族民俗丰富多彩的民俗活动背后具有厚重的伦理道德思想，千百年来在彝族人和彝族社会纷繁的关系中起到示范教育，被彝族民众模仿。彝族人在长期社会实践中崇尚美德，约为唐朝时期的彝族先师举奢哲就十分重视人品的塑造和培育，曾在《彝文经书的写法》中说："人生在世时，好事要多做，坏事要少行；善事要多做，恶事绝不行。"与之同时代的彝族女贤圣阿买妮在《彝族诗律论》中说："人是天所生，生人天之德。"她同时强调，"人好人情在，人和相携带。小者要知敬，小者听长命。长者终是长，长要有主张。亲莫如夫妇，亲必敬父母。"[111] 彝族先贤崇尚美德的观念一直为后辈所效仿，如道光年间的彝族诗人余家驹就传承该观念，其后人在他的诗作集《时园诗草》跋中评价："居家勉励儿辈，大率为朝廷广醇风，为祖宗绵世德，为末俗挽衰弊，经济皆于读书中求之。"[112] 堪称楷模。流行在贵州赫章威宁一带的彝族铃铛舞将对死者的敬重转化为民俗认同的实体民俗来演绎，表达了对祖先亡灵的慰藉，铃铛舞也正是蕴含深厚的彝族人生价值观而被一带又一代人所效仿传承，具有较高的艺术和美学价值，入选为国家级非物质文化遗产。

彝族民俗示范模仿的思想政治教育方法在彝族布摩和服饰民俗中较为凸显。布摩是彝族人中最有文化的人，精通古彝文和礼俗，被誉为人、神、鬼"三界"的使者，在彝族阶层中具有崇高的地位，这一神圣职责就为布摩世家时代传承和效仿，许多彝族民众对布摩敬仰有加。彝族的服饰体现了本族人的审美观念，许多彝族民众在传统社会中从小就模仿大人穿彝族服饰，学做各类彝族衣服，既在实践中培育了审美意识，又传承了民俗文化。总体来看，彝族民俗的活动实践中都承载着示范模仿的思想政治教育方法，让广大民众在传承中效仿，在效仿中示范，在示范模仿中发挥彝族民俗的思想政治教育作用。

三、以诫施教

彝族民俗在具体的民俗实践活动中呈现出以诫施教的思想教育方法。彝族民间大

---

[111] ［唐］举奢哲等．彝族诗文论［M］．贵阳：贵州人民出版社，1988：4.

[112] ［陈世鹏．彝族诗余家驹和他的美学观［J］．贵州民族研究，1998（2）：97.

都信仰“原始宗教”“万物有灵”，认为神灵无处不在、无时不有，形成了祭祀天地、山神、树神、花神、水神等各种民俗活动。解放前，彝族聚居区的民众多数不识文字，但许多年长的民众都会讲关于神灵的的故事，彝族人三五成群，围坐在熊熊燃烧的火塘边，一边听栩栩如生的神话故事，一边在淳朴的内心世界中期盼天地万物给人们带来幸福吉祥。彝族人死后要念指路经、解怨经（以陡数）、投确数等经书，告诫人们要多做善事好事，不做恶事坏事，敬畏天地万物，尊重祖先。

训诫是彝族民俗对民众开展思想政治教育方法之一。彝族在砍灌木林时，不能将丛林砍光，要把主枝留下，否则就有罪过，会受到神灵的惩戒。在山泉边喝水不能在泉水出口处用手捧，忌讳不能在山泉出水口洗脚，否则引起龙王大怒，水神会纠缠你一生，轻者生病，重者死亡。彝族先民虽然是以猎取提供肉食，但面对快要生产的母猪、木獐、母鹿等不能猎杀，遇见最大的鱼、虾、龟、蛙等时不能捕捉，这些都是动物中有灵性的王，当无意中捕捉到后，要把之放回原地栖息繁衍，造福于人类。而当彝族族群中有违背本族人的整体利益时一定要遭到惩罚，惩罚行为的本质特征就是在于通过对人们进行约束，使其行为举止被控制在社会主流文化约定俗成的社会道德规范内，同时降低或停止受罚者因错误行为而获取的物质利益或精神满足。[113] 而彝族人在民俗活动中的惩罚都具备矫正和诫勉的功能，彝族民众在日常生产生活中，通过对他们认识、行为、态度的观察已经形成各种民俗形式，再以民俗活动的方式来训诫和教育人们。彝族民众在这个过程中若观察到其他人因为某种行为方式或理念而受到惩罚，则他人也会尽量避免这种行为或理念。比如在彝族的家庭生活中一般都是父母和孩子一起生活，儿子结婚后会另立一个新家，父母老时，儿子应主动承担起抚养老人的义务，如有违者，将受到道德谴责，有的将受到惩罚。此外，惩罚在促进彝族人的社会化发展方面也发挥着一定的功能，惩罚不仅能终止彝族民众正在实施的某些不合规矩的行为，而且能够通过以诫施教的方式使得人们理解社会规则，进而不断矫正自己的行为，最终形成符合社会道德和规范，能够被社会所接受的行为或思想。在这一过程中，通过以诫施教的方式，让广大彝族民众逐渐树立正确的世界观、人生观和价值观，自然发挥了思想政治教育的作用。

从以上对于彝族民俗惩罚教育的论述我们可以看到，以诫施教和示范模仿都是思

---

[113] 傅维利．论教育中的惩罚［J］．教育研究，2007（10）：11.

想政治教育中的重要工具和方法。与示范模仿提供正向的鼓励和引导方式不同，彝族民俗的以诫施教通过对人们某种过错行为采取精神或物质上的惩罚，使得人们认识到过错行为的危害，进而在日后的生活中能够尽量避免该种行为。在这一惩罚的过程中，彝族民众也能够从正确与过错行为或观念的对比中，从思想上纠正自己的偏差，从而达到思想政治教育的目的。彝族的某些民俗除了能够在正面引导人们建立正确的思想价值观念之外，在某些方面也能够以诫施教的方式对人们进行思想政治教育。在彝族的各种民俗中，最具有代表性的就是彝族的禁忌民俗。彝族的禁忌民俗是宗教观念的重要组成部分，除神秘性外，还有强制性，对人们生活、生产等各方面的影响很大。正如杜尔干在《宗教社会的初级形式》中认为的那样："当个人的灵魂重新回到它获得生命的本原时，它同样也获得新生；因此，它感到更有力量了，本身的自我控制能力加强了，而且对物质需要的依赖性减弱了。"[114] 而彝族禁忌主要是来自怕触犯神灵而罹祸的恐惧心理以及巫术观念的反射作用，或者对规律性事物间联系的不理解。禁忌民俗是一种"禁令"，要求人们必须遵守，具有很大的强制力，而且其禁忌的内容和目的随着社会的发展而不断变化。彝族在宗教、生产和生活上都有着一定的禁忌民俗。例如，在生产中，规定在祭倮日、立秋日、彝族年等重大的节庆祭奠日不能从事生产活动等；而在生活中，如规定大年初一，女子不能入外姓家门，将打扫后垃圾置放门后（避讳财源外流）等。禁忌民俗在人们的宗教信仰和生产生活中进行了一系列的禁忌事象，如果有人不遵守，就要受到一定的惩罚。在实施这些禁忌习俗的过程中，彝族民俗通过以诫施教的方式加强了对人们的思想政治教育。

四、环境感染

这里的环境主要是指彝族人民生活的场景，也可叫情景，当然也包括彝族的社会环境和生产生活的自然环境。彝族长期居住在中国西南，形成了与西南地理环境相适应的各类物质民俗和精神民俗，为广大彝族民众共享传承和创新发展，彝族民俗在社会生活环境中发挥着潜移默化、春风化雨的思想政治教育教化作用。彝族的建筑民俗和不同村寨的地理环境特点不同，对于人们会产生不同程度的心理影响。随着时代的发展，近年以来它的环境教育的研究范围得到了更大的拓展，而彝族民俗所表现出的

[114] E•杜尔干．宗教社会的初级形式［M］．中央民族大学出版社，1999：387.

教育价值，连同当地自然环境的差异，也会对不同的人产生不同的影响，并且依据不同人的行为和不同环境产生交互作用的结果。环境心理学的内容将其大致分为以下几个方面：环境与行为关系的生态分析、物质环境的差异以及对生态心理的影响、人格与环境等等。[15] 随着心理学的进一步发展与分化，人们越来越多地认识到环境和行为以及人类思想之间的关系，正是从这样的意义上说，环境在彝族民俗中发挥思想政治教育作用更加突显。

彝族民俗在发挥思想政治教育作用中主要通过内部环境影响和外部环境影响两个方面，而内部环境主要是指彝族的家庭环境和民族内部的文化环境。众所周知，家庭对于个人成长和人格的形成具有非常深远的影响，不同的家庭教育对不同的个体的心理各不相同，个体的社会技巧的培养，也主要是从小在家庭的日常生活之中习得，即使在同样的家庭之中，父母对待不同孩子的方式不同，也会造成孩子心理成长的差异。这一观点已经被大量不同领域的心理学家所证实，家庭是人们接受外在环境影响的主要场所之一。彝民族是中华民族 56 个民族中独具特色的民族之一，整个民族表现出了明显的民族特征与品格，尤其是彝族的民俗内容及形式都非常丰富。从心理学的研究中我们就可以看到家庭环境对个人行为及心理影响的重要作用，彝族作为一个整体上大分散、小聚居的民族，历来非常重视家庭，尤其是对长辈以及先人更是充满了尊敬和敬畏的感情，这从彝族传统的丧葬礼仪中就可以看出。彝族人有个基本信念就是“不死其亲”，也就是说去世的亲人对于晚辈而言并不是故人或亡人，只是肉体和灵魂分离的“活人”，因此彝族非常重视家庭观念，彝族的家族传统文化对于维系整个家族的稳定有着重要的作用。在这种强烈家庭氛围的影响下，彝族民俗成为了维持家庭稳定和发展的载体和工具。通过家族中践行婚丧、嫁娶、祭祀等民俗活动，家庭成员自然而然地受到了彝族民俗耳濡目染的影响，进而加深了对于彝族民俗文化的认知与认同。

除了在家庭受到了民俗的感染之外，随着彝族民俗的不断传播以及民众对于民俗思想政治作用认识的加深，在本民族之外也形成浓厚的氛围，尤其是通过网络媒体进行彝族民俗的宣传，进而将彝族民俗思想政治教育作用扩及到更多人。随着现代信息社会的飞速发挥发展，彝族民俗走出了山寨“深闺”，走进各类新媒体，自彝族人网创建以来，用大量图文并茂的信息来展现彝族文化生活的每一面，介绍了彝族人民拥

[15] 马菁，任晓峰．浅析环境对人们行为的影响–外界条件对行人的影响［J］．华北水利水电学院学报（社科版），2004（4）：110.

有的好山好水，为介绍彝族自然风光贡献了巨大的力量，并以平凡朴实的角度，凝聚了学术性和大众性于一身，向世界展现了彝族热情好客和精美的自然风光，让更多人认识到现代彝族新的发展概况。彝族人网这样一个民办的彝族文化宣传网站，前后经过五十多次的调整和改动，优化和升级，赢得了极高的人气和反响，彝族企业家协会为彝族人网提供了大力的支持，网站在宣传彝族文化的同时也展现现代彝乡民俗在新时代的发展。初次点击进入彝族人网，就能轻易发现，轻松流畅的使用体验，主要内容涵盖了彝族目前概况、传统的特色彝族文化、彝族历史英雄人物介绍、彝族文化艺术发展史、彝族自然风光旅游指引、彝族社会文化生活视频、彝族原始森林生活摄影、彝族语言文字记录、以及特别专题等版面内容。其中在首页中，展现了各个版块人气最多的项目，人们可以在首页轻松观察到彝族聚居区新闻，对于彝族文化传递、彝族民族精神文化凝聚力等都有长远深刻之意义。在互联网世界中，彝族的贴吧也同样在不断发光发热，通过检索系统的设定，出门在外的彝族青年也能轻松获得大量彝族资讯，同时结合他们在外界的所见所闻，他们也能对彝族的发展历史以及传递彝族民俗文化提供切实可靠的见解和探讨。并且在类似的贴吧发帖，不断追寻各自的差异化，给数量繁杂的受众提供各具特色民俗文化内容，从而实现贴吧的别具一格，彝族吧的吧友，在控制内容抄袭方面，都进行了大力的呼吁和抵制，鼓励原创，从而实现贴吧对宣传介绍彝族民俗文化的推动作用。当前彝族人吧的通用主题数量达到 1682 个，帖子有 11232 篇，特色主题数字有 28343 个，帖子多达 667239 篇，关注人数也有 12321 名。除依托彝族典型网站，彝族民俗还可以借助微信微博 QQ 群、微信等不同方式实现在互联网时代的信息传递，尽管目前博客的关注人数不多，但在彝族人网的某个专栏里，有 72 个与彝族文化有关的内容，并且彝族青年网在微信、QQ 群和微博当中进行了大量的支持，早期中国彝族网推出了自己宣传内容，除了全国群外，昆明、北京等特大城市内，也出现了当地彝族人口分布相当。这些数据表明，彝族民俗文化正在现代的网上网下被人们所关注和传承，现代新媒体正在为彝族民俗的薪火相传提供发挥教育的作用。

五、礼仪熏陶

彝族礼仪既是一种仪式场合，还是制度及行为规范。一般来说，礼仪的具体表现形式包括四个方面：仪表、礼貌、仪式和礼节。[116] 彝族传统社会自古以来非常重视礼仪的熏染，走亲访友、婚丧嫁娶、节庆祭祀等具有一套礼仪体系。《玛牧特依》就是对彝族民众进行礼仪教育的彝族经典巨著，“玛牧特依”是彝语，可翻译为“教育经”“训示经”等，“玛”有“教、训、导”之意，“牧”则可理解为“贤、善、正、智、慧”等含义。“玛牧”有教育与训练小孩之意，是前人教训后人，有知识者教导无知识者，从而达到启之以蒙、晓之以理、明之以礼、导之以行、效之以法的作用。《玛牧特依》内容丰富、思想深邃，是彝族人民千百年来执政安邦、训世育人的思想智库，对规范彝族民众的思想道德和行为情操，协调人与人、人与社会、人与自然之间的关系，教育人们尊老爱幼、诚实守信、文明言语、扬善抑恶、团结共事、保护生态等具有深刻的教育意义。如《玛牧特依》的礼仪篇记载：[117]

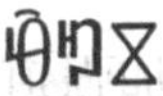

礼仪篇

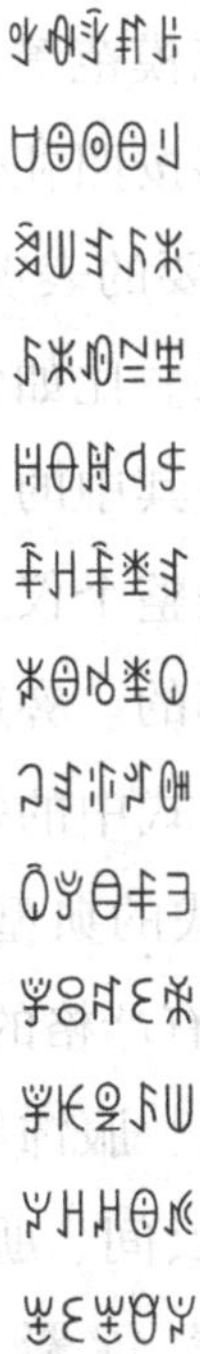

世上的人们
仪表仪态美
集会要打扮
男子重头饰
头上闪银光
美女善打扮
美如索玛花
耳珠串串坠
领牌立如崖
手镯闪金光
戒指亮铮铮
美衣加锦服
彩裙似彩虹

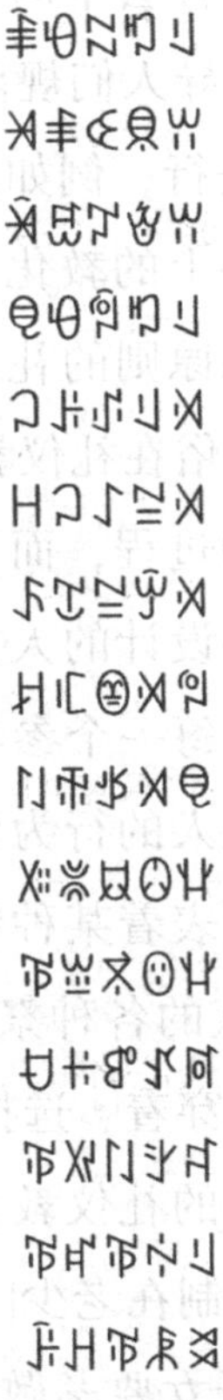

坐立有礼节
坐相很端庄
举止很得体
饮食有礼节
前辈先品尝
父辈为其次
晚辈在最后
美酒要细品
腊肉要细嚼
馋嘴亏桌友
拒客伤邻居
贤妻不用夸
要看待客时
待客有礼节
贤人善待客

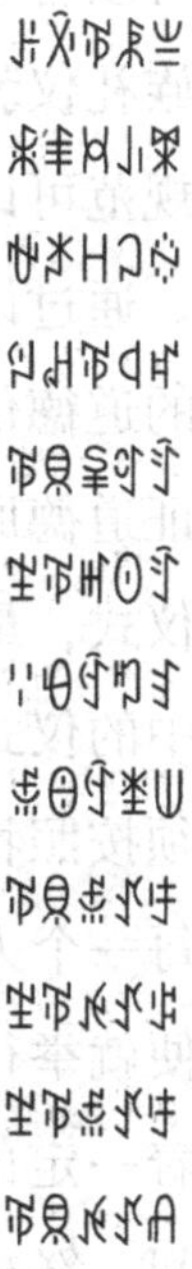

吝啬见客躲
杀鸡待族人
仔猪敬父母
杀牛待贵客
主人说稀客
客人道声谢
交谈有礼节
美言美语出
主人不招呼
客人心不爽
客人不搭话
主人心不安

从这段关于礼仪的记载可以看出，彝族人十分重视礼仪对人们的教育教化作用，教育人们继承民族传统礼仪，规范和培育后人良好的行为情操，铸造他们完美的人格，

[116] 胡凯．礼仪教育：增强德育实效性的必要环节［J］．现代教育科学，2006（1）：44.

[117] 中共昭觉县委宣传部．彝族传统道德教育读本［M］．2007：20.

点燃他们心中的火把，维系彝族社会的稳定和谐。

彝族人重视礼仪的教育和培养。在日常的民俗活动中，彝族通过对人们加强礼仪上的教育和培养，加深对文化的认识和理解，了解自己生产生活中应当承担的责任和义务。此外，彝族礼仪作为一种外化的形式，在实施一些礼仪的时候也会让彝族人产生一种仪式感，进而在内心上产生出一种庄重、神圣的情感。而且，这种情感是无法通过其他的实践活动来实现的。正是因此，彝族礼仪在道德生活培育和思想政治教育上素来都有培养人与人之间情感的作用。例如，我国古代也有着“习礼”的说法，“习礼”的作用一方面在于强化人们对于礼仪重要性认知，加深对于文化的理解和重视，另一方面能够通过人们学习礼仪这种形式加强对人们思想政治教育的作用，在人们的内心培养起与道德规范、礼仪相一致的道德情感，进而促使人们形成良好的道德举止。由此我们也可以看到，彝族礼仪在传统社会中向来与思想政治教育紧密联系在一起，通过加强彝族礼仪教育的培养，可以引导人们规范自身的行为，加强道德修养。彝族礼仪的教育和规范可以通过多种方式来进行，例如语言、文字、动作等都可以作为礼仪教育的工具。通过语言上的教导、文字上的教化、动作上的示范模范等，使得人们能够增强内心的道德信念，选择符合道德原则的礼仪，并且还能够按照礼仪的要求去行动，从而保证道德原则的实施。彝族民俗在礼仪教育中有一种重要的表现形式，就是仪式。而举行仪式，最为重要的是仪式的过程，而不是仪式的结果。比如伴随在彝族生老病死过程中的仪式，在仪式这种精心设计的人文活动中，参与其中的人们在仪式活动进行时必须按照特定的程序去行动，每一个参与者的行为都是整个仪式的重要组成部分，因此每一个人的行动都是和其他人的行为紧密联系在一起的。彝族民俗仪式并不是能够随便就举行的，举办仪式就代表着某种精神和意义，仪式中的每一个细节和动作更是有着一定的象征和意义，彝族的各种祭祀活动就是仪式的典型代表。彝族祭祀活动的时间、祭祀的程序、参与人的穿着、选择的祭品等都具有严格的规定。

从对礼仪的讨论中我们可以看到，彝族人的礼仪教育还会通过行为、服饰等各种民俗实体来强化人们的思想政治教育。彝族礼制在老少间、长幼间、男女间、朋友间、民族间体现出了和谐健康的伦理道德，彝族子女要孝敬父母，尊敬长辈，《爨文丛刻•训书》表彰子女对于父母、贤媳对公婆虔诚治丧的情节充分展示了彝族丧祭礼仪的道德规范。尊老爱少是彝族人常见的一种礼仪习惯，在彝族聚居区长期流传着“小的要长大，大的要变老；老的爱小的，小的敬老的；抚养儿女，儿女敬奉父母。口袋装口袋，一代传一代”的谚语。彝族的服饰礼仪能够对人们起到最直接的教化作用。彝族的服饰较为丰富，彝族历来有尚黑的传统，认为黑色是美丽和尊贵的象征，因而大多数服饰都以黑色为主，辅以红、黄色，尤其是凉山型、乌蒙山型服饰表现最为明显。凉山型服饰以黑色为主调，表现出高贵稳重的尚黑风范，同时也表现出了彝族的民族自豪感和自信。[118] 此外，彝族服饰在奴隶社会时期还代表着一定的等级差异，不同等级的彝族服饰在颜色、质料、款式上都有着明显区别，而且彝族服饰在不同的节日习俗中也有不同的穿戴规矩。因此，以彝族服饰为代表的彝族民俗通过日常礼仪以及礼节的熏陶和教育，加深人们对于礼仪重要性的认知，增强彝族民众对于彝族文化的理解和重视，进而发掘出彝族民俗的思想政治教育功能。

第二节 彝族民俗思想政治教育功能发挥的活动领域

彝族民俗发挥思想政治教育作用并不是凭空而产生的，需要借助一定的活动平台和空间才能够得以实现。从民俗的产生来看，彝族民俗主要来源于民众的社会生产生活，因此民俗在发挥其思想政治教育作用的时候也主要借助社会生产生活活动场所来进行。具体来看，彝族民俗思想政治教育的活动领域主要包括了生活活动领域、生产实践活动领域以及日常较特殊情境场合。

一、生活活动领域的教育

人是社会关系的总和，彝族民俗是人“俗”，离开了人就无所谓“俗”了，因而彝族民俗文化就是为彝族民众服务的文化，通过民俗“化”人，化为具体的物化民俗来教育教化人。我们知道，教育来源于生活，生活为教育提供了源源不断的新内容和方式，同时，教育的不断发展和进步又反过来进一步促进了人们社会生活的进步。彝族民俗来源于彝族民众长期以来对于社会生产生活实践的总结，用于指导和调节彝族民众及其后代有序开展生产生活活动。因此，彝族民俗具有重要的生活教育意义，以彝族民众生活实践为基础形成思想政治教育的内容，反过来通过教育的作用进一步促进彝族民俗和生活的发展。

首先，彝族民俗来源于日常生产生活活动。位于云贵高原和青藏高原东南边缘区域，有着极其丰富的自然资源和缤纷灿烂的自然环境，勤劳勇敢的彝族人民，世世代

[118] 黄瑾．浅谈彝族的服饰与民族心理［J］．中共成都市委党校党报，2005（12）：78.

代生活在此地，凭借着丰富多彩的当地资源，创造出幸福美好的生活环境，同时也形成了别具一格的饮食文化。正是因为自然条件复杂，彝族居住的区域内，动植物资源用之不尽取之不竭。彝族当地人多喜食白米饭、玉米饭、以及荞麦制品，因为居住在山区的彝族人民，多会种植小麦或者荞麦等粮食，辅食则以玉米、稻谷为主。蔬菜则为萝卜白菜，畜牧业发达，粗放型放养牛马猪等，因此肉食类别主要是猪肉、羊肉或者牛肉等。此外，彝族人民喜爱酒类，无论是红白喜事还是宗教祭祀，都离不开饮酒助兴，因此酒在彝族的社会文化生活中，具有极其重要的影响。彝族人民走亲访友时，都会带上事前准备好的美酒赠送，以表达心中结交友好之意。而在客人到来时，和汉族人民喜沏一壶热茶招待不同，彝族人民则直接上酒敬客。丧葬婚嫁之时，保证来参加吊唁之人饮酒尽兴是最为重饮食习俗，而饭菜可口足量与否，和饮酒尽兴相比，则会显得不太重要。酒在彝族人民眼里，就是全能的礼物，敬礼敬孝、赔礼道歉皆可适用。彝族好客，不论生人熟人，只要能坐下来一同喝酒，那就算是朋友了。每逢佳节时分，每家每户都会拿出一坛自家酿的好酒，热情招待客人，来访做客的人，则会用主人提供的竹竿吸几口美酒，亦或是邀请亲朋好友，席地而坐围坐一圈，依次递送酒杯给大家饮用，这些坛酒、转酒、竿酒就是彝族酒文化中最具特色的象征。彝族传统节日食俗里面，最具代表性的可要算火把节食俗和新年食俗了，丰富多彩的节日食俗，尤其婚丧食俗，更是具有不同的特色。过年期间，彝族人民都会宰杀过年猪，并且过年猪的挑选是非常有规矩的，猪要保证健康和完整，病猪和残疾的猪绝对不选，另外还要选择正值壮年的公猪，不要老母猪，不要短尾猪。并且，在宰杀过年猪的先后顺序上，也有非常重要的次序，由长辈先杀猪，再按照辈分依次宰杀过年猪。宰杀过年猪时，每家每户必喝“杀猪酒”，据说此酒可以辟邪，同时也表达了对先祖的诚心进贡。彝族人民在过年时，都有一道家喻户晓的传统名菜，即将过年猪宰杀时保存下来的新鲜血，用沸水煮熟，再将猪的小肠用清水洗净，切成小段，用锅炖熟后再加上辣椒、香葱、大蒜、酸菜等调味料，混在一起煮几分钟后，就成了传统名菜“奢者朵”。这道菜名气非常大，也非常受到彝族人民的欢迎，往往在正式开餐号令发出前，这道菜就被大家夹进碗里吃下肚了。彝族人民喜酒不喜肉，劝酒不劝肉，他们都认为酒是成人社交必备之物，而肉则是小孩儿爱吃的。在彝族的日常社交活动里，一个人可以喝酒喝到分不清东南西北，但不会吃肉吃到喝不下酒。而且彝族人吃肉，也有非常特别的讲究的习俗，比如前去拜访主人，吃饭中必须要根据实际情况，察言观色，看清楚主人家宰杀的是什么动物，要根据主人家的人数，酌情吃肉，餐饮中的主食辅食先后顺序是“先汤，后饭，再肉”，若是不分顺序，一味只顾吃肉的话，就会被视为不懂礼节的“饭桶”。不过，现在各种物质条件已经极其丰富，一般都可以随意吃肉随意喝酒。由此可以看到，彝族在饮食上的习俗主要是受到了当时生产活动的影响和启发，并形成了在食物以及饮食顺序等方面的习俗，正是彝族民俗源于日常生产生活实践活动的生动表达。

其次，彝族民俗发挥着对生活教育的指导作用。彝族民俗在来源于日常生产生活实践的同时，又在潜移默化中对人们的日常生活以及思想产生影响和指导。彝族民俗是千百年来经过人们不断创造、修正和扬弃的一种文化传承，具有着文化和生活两种不同的形态。在生活形态上主要表现为彝族民众的生产和生活活动的载体，并且这些活动还作为一种民俗文化活动被彝族民众所认可和共享。在文化形态上，由于彝族民众在日常生产和生活中总结出来了一定的实践和经验，赋予了彝族人的思想观念，因而这些活动便具备了文化的基因。因此彝族的民俗是彝族先民在生活中总结出的有益经验，蕴含了彝族先民在处理社会关系、人际关系、人与自然关系的一种世界观、人生观和价值观。彝族民俗产生于生活，在民俗文化事项及活动对彝族民众的教导和指引下，又具有着一定的教化意义和生活教育意义。例如，彝族在处理人与自然关系的时候形成了特有的自然崇拜，以“万物有灵论”的思维将一些自然现象当作是超自然现象进行崇拜，并且突出形成了对于动植物的崇拜。此外，彝族还形成了对于鹤的图腾崇拜、虎的图腾崇拜、龙的图腾崇拜。虽然彝族对于自然的崇拜主要是由于当地对于自然和科学认识不足，然而这种崇拜和祭祀活动却教导了彝族民众要崇德向善，尊重自然规律。此外，彝族在服饰、建筑上的民俗也体现了人们的审美需求，并通过一定的礼仪教导等引导人们要做有德行之人。因此，彝族民俗的思想政治教育是一种生活教育，思想政治教育和生活通过互为发展的关系巩固了彝族民俗在生活中的地位和作用，促进彝族整个民族共同体的形成和发展，推动了彝族民族繁荣发展。

二、生产实践活动领域的教育

彝族民俗是生产生活活动的“物化”形式。彝族民众享用民俗文化，最直接的方式就是将彝族具体的民俗事象转化为一个个让所有族群可知可感的物化民俗，崇拜祖先和英雄，就在不同地域塑造了希姆遮、支格阿鲁、笃姆的塑像。为了生存，就会根据不同的地域建立不同住房，形成了别具一格的建筑民俗，如贵州彝区的杈杈房，四川大小凉山的棚屋（风篱式）、木罗罗（井干式）、瓦板房和草房，滇南彝区的土掌房，彝族杂居地区的三房一照壁及三合院四合院，等等。为了解决吃饭、穿衣，彝族人按照自己生活环境和审美观念需求形成了饮食、服饰民俗。为了教育教化彝族民众符合本民族的行为规范和道德标准，彝族人创造了礼仪、节日、婚丧、信仰、语言艺术等内涵丰富的彝族民俗样式来构筑社会伦理道德体系，将彝族民俗包含的思想观念、技能技术和道德价值传递给族群。如彝族的诞生、成年、婚姻、丧葬等人生礼仪就包含了立身处事的伦理观念，而生产、社交、娱乐、祭祀、丰收、纪念人物等传统节日中无不体现了生活的实践教育。彝族民俗文化在生活中为民族民众所接纳使用的事实证明，只要是符合大多数人的道德规范和价值取向的彝族民俗，必然会化为彝族生产生活实践中的具体行为。

彝族民俗是生产生活活动的规范和指导。彝族民俗相伴相生于彝族人的生产实践活中，是彝族人共同遵循和接受的行为规范。彝族民俗文化历经岁月的洗礼，蕴含着浑厚博大的德善文化始基，许多民俗活动已经成为普遍性的社会心理和民族意识，广泛运行于彝族民众的生活实践中。“彝族是一个农耕民族，一般居住在高山，世代以种粮食和养殖为生。彝族人民在劳动中创造了许多劳动歌，这些歌谣与劳动的场景紧密结合在一起，格调与生产生活的特点一致，内容千变万化、不拘一格，其产生、演唱均不受时间、地点、人物等的限制，演唱形式多种多样，可以独唱、齐唱，互相盘问对答，自问自答，把某一农事活动、生产过程、植物生长等的全部顺序都唱出来。如《撒荞歌》从撒荞一直唱到收荞、打荞、磨荞面等，《扯韭菜》从上山唱到收韭菜、扛回家、煮韭菜等过程。《撒麻歌》不仅描述了撒麻的艰辛，也表现出了对撒麻有好收成的期盼。贵州黔西北彝族在劳动中处处有歌谣，放牛有《放牛歌》，播种有系列‘下种歌’，撵玉米、荞麦等有《推磨歌》，秋收有收割系列歌等等，这些歌与劳动浑然天成地融为一体，曲调明快，节奏也比较鲜明”。[119] 无论从彝族物质的、精神的、制度的、语言的民俗，还是从某一地域、某一民俗事象，一旦彝族民俗为人所接受、认同、使用和传承，彝族民俗就符合了一定时代人们的思想道德、价值观念的需求，就是一种文化，是活在当下的民俗文化。彝族民俗文化的这种“活态性”符合了当下人的需要，是一种宝贵的文化资源，如不同地域彝族饮食文化、婚俗文化、节日文化、语言文化等等，这些彝族民俗文化反映了人们生活实践的需要。毋庸置疑，大多数民俗文化符合中国传统伦理道德和人们真善美的需求，是开展思想政治的文化资源，更

[119] 安静．黔西北彝族民间歌谣研究［D］．济南：山东大学文史哲研究院，2011：8.

是一种实践教育活动。作为传统文化重要组成部分的彝族民俗文化，一度在思想政治教育中不为人们接受，认为是民间的俗，与高大上的思想政治教育工作格格不入，随着改革开放和马克思主义中国化的深入推进，从20世纪90年代开始，尤其是2005年以来，传统文化在思想政治教育中的作用愈来愈受到重视，国家以文件形式提出要把民族精神、节庆日等优良传统拓展成为新形势下大学生思想政治教育的有效形式，民俗文化作为开展思想政治教育的文化资源，符合当前国情和社情民意。[120]

三、特殊情境场合的教育

彝族民俗具有特殊的教育场景，这个场景主要在彝族人之间、在彝族人所生活的特定环境中，对本族民众开展思想政治教育实践活动。马克思就曾经对人与环境之间的关系进行过论述，马克思认为人的生产生活活动会对环境造成一定的影响，而反过来环境也会对人的生产和生活起到一定的教育作用，“关于环境和教育起改变作用的唯物主义学说忘记说了：环境是由人来改变的，而教育者本人一定是受过教育的”。[121]因此，马克思主义坚持人与环境、教育与环境关系，并承认环境在某种程度上具有一定的决定性作用，同时人也对环境具有着一定的能动作用。[122]而与此同时，环境也在无时无刻影响着人们的社会生产生活活动。因此，受到环境影响而进行思想政治教育的活动也被称为是“思想政治教育环境活动”，而思想政治教育环境是指“对思想政治教育活动以及思想政治教育对象的思想品德形成和发展产生影响的一切外部因素的总和”。[123]在处理环境与教育关系的过程中，情境教育作为一种有效的教育方式受到了普遍的重视。彝族民俗的情境教育就通过创设具体的情境，以更加生动形象的民俗活动方式强化彝族民众相互认同和情感相结合，提升彝族民众不断认知世界，树立积极进取的思想观念，强化民族认同，加强民族团结，推动彝族聚居区经济社会和谐发展。

首先，彝族民俗通过特定的环境发挥思想政治教育作用。有学者的研究曾经指出，被教育者更倾向于直接从环境中接受信息，在现代社会随着社会发展速度的加快以及现代化信息传播方式渗透到人们生产生活中的各个角落，处在这一浪潮中的宏观环境也在不断的变化中，人们也能够更加直接地、更方便地从宏观环境中接收信息。此外，

---

[120] 安静．民俗文化的思想政治教育价值［J］．理论与当代，2017（6）：47.

[121] 周向军，车美萍．马克思主义经典著作精选与导读）［M］．济南：山东大学出版社，2006：1.

[122] 李辉．大学生思想政治教育与环境的作用［J］．高校理论战线，2005（7）：28.

[123] 张耀灿、陈万柏．思想政治教育学原理［M］．北京：高等教育出版社，2001：234.

再加上现代化传媒方式的普及和迅速发展，尤其是电视和网络的普遍运用，更加拓展了人们直接从宏观环境中获取信息。[124] 而彝族民俗作为彝族民众生产生活的准则，已经在整个民族的层面上形成了一套标准规范，进而在各彝族聚居区的不同环境中通过对彝族民众婚丧嫁娶、敬神祭祖、禁忌礼仪、宗教信仰、天文历法、饮食文化等各个方面的影响形成了属于彝族本民族的民族特色。尤其是当进入云、贵、川等彝族居民聚居区的时候，任何一个人都能够明显感受到彝族的民族风情和文化，更不用说处在彝族的生活中了，更是随处能够见到彝族民俗对整个环境所造成的影响，彝族民俗元素在建筑、交通、饮食、服饰及各类活动中牵引着到彝区观光投资的人们。同时，彝族民俗在对民众思想政治教化的过程中，也逐渐形成了彝族的民族精神和品格，并通过外显化民俗的强化和不断实践，进一步加强了彝族民众对本民族的民族精神的认同，从而实现了彝族民俗在宏观环境上对彝族民众的思想政治教育作用，具体的民俗事象却在微观环境对广大民众发挥思想政治教育的功能与作用。

其次，特殊情境场合下的彝族民俗更加能够发挥思想政治教育作用。在具体的情境下，由于彝族聚居区特定条件及因素的限制，人们很容易陷入到具体的民俗情境中，并且会做出与彝族民俗情境相符合的行为，不自觉地加入到彝族聚居区丰富多彩的民俗活动中。在彝族举办的一些大型祭祀民俗的特殊场合，这些活动一般每年或者三五年才举办一次，彝族民众在进入这种庄严的活动时，就会更加倾向于认同这种情境中产生的思想教育要素，并且根据这些要素来不断调整自己的思想和行为。虽然彝族民俗的内容十分丰富，甚至还渗透到了人们日常生活中的方方面面，但是并非任何民俗活动都是每天发生在日常生活中的，例如婚丧嫁娶、彝族十月年等民俗活动，一般都是在特定的时间或者一年一次，尤其是像婚丧嫁娶这种民俗活动更是在日常生活中并非天天出现。因此，像这种日常生活中较少出现的特殊情境下的民俗活动通过搭建具体的、与日常生活不同的民俗，更加能够使得人们进入到这种情境中，再通过情境中的民俗活动对人们发挥思想政治教育功能，因此特殊情境场合下的彝族民俗活动自然成为开展思想政治教育领域之

第三节　彝族民俗思想政治教育功能发挥的路径

彝族民俗是彝族传统文化的组成部分，在长期的生产生活实践中形成了对彝族民

[124] 张亚龙，张娟．论思想政治教育环境的作用机制［J］．南通大学学报（教育科学版），2009（2）：40.

众开展思想政治教育的特有路径。通常从服从到认知、从行为到思想、从自发到自觉、从接受到创新、从受教者到施教者等方面来有效开展教育教化。

一、从服从到认知

彝族民俗常常以从服从到认知的教育路径让民众自然接受教育。美国心理学家考斯林和罗森伯格就曾直接提出服从就是对命令的顺从理念，彝族民俗为集体创造，历经长时间的发展传播，成为彝族民众人人遵从的行为规范和道德观念，为彝族民众人人接受的民俗文化，让彝族民众参与并感知其文化精神内蕴，是一种无形的文化命令顺从。从彝族民俗发挥的思想政治教育作用上来看，彝族民众也经历了从对彝族民俗的规范等进行服从教育，到加强对民俗认知认同的过程，并进一步强化了彝族民俗的思想政治教育作用。

彝族民俗是一种自然服从的规范教育活动。彝族民俗内涵丰富，涉及到了生产、生活、文化、精神等各个方面。彝族民俗的形成是个漫长的发展时期，但是大多数民俗主要产生于彝族先民时期，是彝族集体创造而出的，是彝族先民智慧的结晶。而且在彝族民俗产生之初，民俗主要是作为一种对彝族民众行为规划和道德观念的约束而产生的，是为了加强对族群的管理，巩固彝族族群的整体利益。此外，彝族民俗在最开始产生的时候也伴具有一定的原始宗教色彩，例如在原始社会时代，彝族先民由于无法对自然生产活动中的现象进行解释，便形成了原始的自然崇拜。例如，风雨雷电、云霞虹雾等自然现象在当时自然条件艰苦、认知能力局限、生产力不发达等方面的制约下，使得彝族先民对自然产生了一种恐惧心理。为了去讨好神灵，祈求神灵的庇佑，彝族先民们便创造了“万物有灵”的观念用于解释自然万物都是有生命存在的，并且还规定了一整套对神灵崇拜的仪式，力图通过祭祀、崇拜、赞颂等方式来拉近彝族先民与神灵之间的关系。因此，从彝族民俗产生的时候起，天然地带着为整个族群谋求发展、保佑彝族民众顺利生活的功能和价值。鉴于此，彝族民俗在产生之初主要是作为一种规则和制度，来管理和约束彝族民众，从而使得彝族民众能够服从于彝族民俗的规定，按照民俗规定以及禁忌去开展生产生活活动。

认知是彝族民俗规范教育的自我觉醒活动。从服从到认知是一步一步递进的，随着社会的不断发展和进步，彝族民众的生产生活也发生了较大的变化。在物质决定意识、经济基础决定上层建筑的作用下，彝族民众在精神意识层面上也发生了一定的变化。由于彝族民俗主要产生于生产力低下的远古时期，随着社会的发展和进步，有的彝族民俗逐步不适应时代的发展而不断为人们取舍。经历长期的生产和生活实践后，民俗活动及民俗文化已经内化为彝族民众生产生活中不可分割的一部分，绝大多数的彝族民俗已经被广大民众从之前的仅仅去服从而转变为了心理上的接受。尤其是随着现代社会以及科学技术的不断进步，彝族民众已经逐渐对于自然现象的发展有了更加深刻的认知，彝族祭祀祖先等民俗活动仍然为人们敬仰和缅怀先祖的有效方式，是彝族民众了解彝族历史、了解彝族先民思想和生活的方式和途径。而且也正是这一系列彝族民俗的保留和传承，彝族民众更加加深了对于本民族历史和文化的认知，对于彝族民俗加强民族团结的意义也有了更加深刻的认知。再加上近些年来在国家大力提倡保护少数民族民俗文化的背景下，彝族民众也意识到了本民族民俗的珍贵，并开始参与到主动保护和宣传民俗文化的过程中，不仅彝族民众加深了对于本民族民俗文化精神内涵的认识，也在宣扬民族民俗文化内涵的道理上身体力行去实践，彝族民俗较好地发挥着对彝族民众从服从到认知思想政治教育的功能。

二、从行为到思想

彝族民俗是一种行为规范，反映了彝族民众对生活实践观念，成为统一民族思想，增强民族凝聚力的重要文化载体，转化为民俗实践活动为人们共享，凝结着彝族人对自然和社会的朴素思想。彝族民俗作为传统文化的典型代表，在发挥民俗思想政治教育作用和功能的同时，基本上也沿着从行为到思想的路径，并且结合彝族民俗自身的特色形成了从民俗实践活动到思想价值观念跃升的过程，全面促进彝族民俗与思想政治教育的有机融合，也进一步加强了彝族民俗的思想政治教育功能。

彝族民俗是日常生活和社会生活的行为规范。彝族民俗内涵丰富，不仅包含了节日民俗、祭祀活动等这种具有具体仪式和活动的民俗活动，而且也包含了宗教精神信仰、彝族语言文字等精神上的民俗活动内容。彝族民俗这种兼备物质民俗和精神民俗等多种内涵的民俗文化，为加强民众的思想政治教育功能提供了良好的条件。彝族民俗在产生之初主要是一种行为规范，通过一系列的民俗活动以及规范禁忌加强对于彝族民俗生产生活活动的指导和约束。因此从诞生之日起，彝族民俗就是与民众的生产生活实践活动紧密相连的，随着时间的积淀，多数彝族民俗更是转化成为一种实践活动，从而被奉为全体彝族民众所共享的行为规范。

彝族民俗凝结着民族的智慧和思想。彝族民俗作为人们对生活实践的反映，凝结着彝族人对自然和社会的道德观念和民族情感。通过彝族民俗的节日活动，如有火把节、彝族年、拜本主会、密枝节、跳歌节等，彝族民众节日中以聚会庆祝等方式共同表达他们的美好祝愿或者对未来的美好期望。此外，通过穿着彝族的民族服饰，唱诵彝族的各歌曲等行为方式表达对生活的热爱，进而通过各种各样的活动，不断强化和加强了彝族民众对于本民族的认同，增强了彝族民众对于民族的热爱之情，促进了民族团结和稳定，通过彝族民俗的各种活动将思想政治教育功能贯彻到彝族民众的各种行为之中。而在思想上，通过共同的宗教信仰，将彝族与其他少数民族以及汉族区分开来，再加上对彝族祖先的祭祀，使得彝族民众产生较为一致的思想观念。此外，使用彝族本民族的语言和文字更是从思想上强化了彝族民族的特色，突出了彝族的独特性与创造性，能够让彝族产生民族自豪感和民族自信，在这种情况下彝族民俗就成为了统一民族思想，增强民族凝聚力的重要文化载体。因此，从行为到思想成为了彝族民俗发挥思想政治教育的路径之一。

三、从自发到自觉

彝族民俗是彝族自发和自觉的思想教育活动。彝族民俗是彝族民众对客观世界的总结，已自发地内聚为彝族民众的自觉行动，融入了彝族民众的血脉和骨髓，已经转化为自觉的彝族民俗活动，唤起了民族自觉自信，是一种最基本、更深层的文化活动，在对民众进行思想政治教育同时经历了从自发到自觉两个阶段。彝族民俗产生之初一般都是基于对自然的敬畏和崇拜，力图通过祭祀、崇拜、歌颂等方式祈求神灵对民族的庇佑，保护彝族来年的丰收。而这种认识实际上对事物表面的初级认识，是建立在人们对于日常生活经验的基础上，并由于无法对自然科学现象进行解释，从而形成的对客观世界现象表面的、粗浅的认识。自发意识一般是根据人们的主观本能而形成的，是一种对于客观事物的感性认识，一般都是在经济利益的驱动下，因此便会难以形成反映事物本质的自觉的理性认识。而且一旦这种从个人经济利益出发而形成的自发意识，往往也不会再进一步成为对整个阶级有利益的政治自觉的意识。[125] 由此我们可以看到，彝族民俗要成为人们从自发到自觉的升华，便需要对人们进行思想政治上的教育。随着社会科学技术的不断进步，彝族民众逐渐对自然现象等有了更加深刻的认知，也意识到在自然界并非是“万物有灵”的，因此对于自然和神灵的祭祀和崇拜活动便不需要是一种自发的行动。然而，经过悠久历史沉淀的彝族民俗，即便民众已经认识

[125] 骆郁廷．自发与自觉：思想政治教育的重要范畴［J］．思想教育研究，2007（5）：8.

和掌握了客观世界发展的规律，并且能够预见到社会实践发展的趋势和后果，开始按照客观规律和趋势的要求而去行动时，祭祀等民俗活动不仅仅只是民众表达对于生活热爱的一种方式，更是成为了一种内化在彝族民众内心的活动，内聚为彝族民众的自觉行动。在长期的生产和生活实践活动中，彝族民俗已经深深地融入到了彝族民众的血脉和骨髓中，转化成为自觉的彝族民俗活动，成为彝族民众日常生活和精神世界的一部分。

从自发到自觉是彝族民俗思想政治教育的升华。尽管在现代化浪潮以及多民族文化的冲击下，彝族民众的生活方式和思想观念逐渐受到了外来文化的影响，但是本质上作为彝族人的生产生活习惯以及民俗文化依然深深地烙印在彝族民众的心中。很多在外地工作和生活的彝族民众在日常生活习惯中还依然保留着传统彝族民俗的痕迹，例如过彝族的新年，在彝族特定节日时身着彝族服饰和当地的彝族朋友共同庆祝，彝族民俗活动在现代生活中仍然是彝族民众的自觉行为。此外，随着彝族民众对本民族民俗文化认识的加深，再加上近些年来当地政府对保护彝族本土民俗文化的重视和呼吁，越来越多的彝族民众认识到了保护彝族民俗文化的重要性，并参与到彝族民俗文化保护的行动中去。例如作为彝族最有名的重大节日——火把节，在火把节举行期间，彝族民众不仅会大肆庆祝节日，而且也会向外地参观和旅游客人宣传推介彝族民俗文化，言语及行为之间充满了对于彝族节日的喜爱和作为彝族的自豪。因此，在一定程度上来说，彝族民俗已经成为民族身份的代表，是本民族的独特魅力之所在，它唤起了民族自觉自信，从而成为了一种更基本、更深层的文化活动。因此，通过从自发到自觉途径的转变，彝族民俗不断对民众发挥着思想政治教育作用。

四、从接受到创新

彝族民俗开展思想政治教育的方式是从接受到创新的过程。彝族民俗的各种活动让彝族民众接受和参与，在接受的过程中融入自己的创造，促进了彝族民俗因为传承而广为民众接受，接受的过程即为创新的过程，增强彝族民众的参与感和仪式感。对于彝族的传统民俗而言，在对民众发挥思想政治教育功能作用的同时也经历了从接受到创新的过程，彝族民俗主要是产生于民众生产生活的需要，因此在民俗形成过程中依然受到当时地理环境、科学技术水平、自然经济发展水平等方面的限制，是一步一步接受和创新的。例如彝族服饰民俗的形成发展就是彝族在长期的社会生活中，根据云、贵、川当地的自然条件以及社会生产生活便利程度和人们的审美心理等而逐渐形成的。彝族服饰款式种类繁多、色彩纷呈，被誉为中国民族服饰的靓丽之作，彝族服饰的发展形成与自然崇拜相关，在实践活动中逐渐形成了婚服、丧服、祭司服、成人服等各种专用服饰。虽然彝族服饰总体上具有非常鲜明的民族特色，但是不同地区的彝族服饰仍然存在着一定的差异性，如川、滇、黔、桂不同地区的彝族服饰在质地、样式、穿着讲究上也有着不同的差异。彝族服饰民俗尽管表现出了一定的差异性，但在民俗教育功能等方面的作用下，每个地区的彝族民众自然而然地接受了本地的服饰民俗文化，并且还在长期的生产和生活实践活动中将本地的服饰民俗作为地方居民的象征，增强了民众的参与感和仪式感，胸中自然涌出对于民族的自信心和自豪感。

然而，随着社会经济的不断发展，彝族服饰民俗也经历了从被动接受服饰特点到不断创新的阶段。彝族民众既作为服饰民俗的创造者和接受者，随着社会的不断发展以及文化融合，彝族民众也展现了自身作为服饰民俗创新者的一面。在漫长的历史过程中，彝族人民在保留本民族传统服饰特征的基础上，也开始吸收其他地区民族的服饰特点，并且在色彩、穿着习惯、质地、式样等方面均进行了一定的创新。从最开始被动接受本民族服饰到对民族服饰进行创新，进而不断形成对于本民族服饰特点的认同和深厚的感情，以彝族服饰为代表的彝族民俗，从服饰发展的进程中也同样发挥着对民众进行思想政治教育的作用。

文化是社会发展之本，是民族之根魂。彝族民俗从接受到创新的教育过程也是传承传统文化的路径之一，我国一直以来都非常重视民族传统文化，习近平曾多次强调中华民族的传统文化是我们能够在全世界站稳脚跟的根基，要培育和弘扬社会主义核心价值观必须立足中华民族传统文化。[126] 习近平还指出，“中华优秀传统文化是我们最深厚的文化软实力，也是中国特色社会主义植根的文化沃土。每个国家和民族的历史传统、文化积淀、基本国情不同，其发展道路必然有着自己的特色。一个国家的治理体系和治理能力是与这个国家的历史传承和文化传统密切相关的。解决中国的问题只能在中国大地上探寻适合自己的道路和办法”。[127] 此外，习近平还尤为强调文化创新，“文化的创新要继承和弘扬我国人民在长期实践中培育和形成的传统美德，坚持马克思主义道德观、坚持社会主义道德观，在去粗取精、去伪存真的基础上，坚持古为今用、推陈出新，努力实现中华传统美德的创造性转化、创新性发展”。[128] 彝族民俗文化

[126] 习近平．在中共中央政治局第十三次集体学习时的讲话［N］．人民日报，2014-2-24（1）．
[127] 习近平．在中共中央政治局第十八次集体学习时的讲话［N］．人民日报，2014-10-14（1）．
[128] 习近平．在中共中央政治局第十二次集体学习时的讲话［N］．人民日报，2013-12-30（1）．

亦不例外，在彝族民俗从接受到创新的思想政治教育活动中，彝族民俗文化要想实现弥新发展，就应该不断推陈出新，实现创造性转化、创新性发展。

五、从受教者到施教者

彝族民俗从受教者到施教者的思想政治教育过程担负着民俗文化的传承发展。彝族民俗的创造主体是彝族民众，第一个创造彝族民俗的人将民俗活动传递给别人，接受到彝族民俗的人又将彝族民俗传播给另外一个人，形成了彝族民俗从创造主体（施教者）——受众（受教者）的双重转化。彝族民俗主要是靠口耳相传或者言传身教等方面进行传播，一般都是长辈对晚辈通过讲述民俗故事、共同庆祝民俗活动的方式。因此，彝族民众在对民俗及文化的了解过程中主要是依靠被动的方式而进行，是彝族民俗文化的受教者。随着彝族民众对于民俗重要性及民俗内涵理解的加深，尤其是在社会主义市场经济不断发展的浪潮中，历史悠久、独具特色和魅力的彝族民俗尤为珍贵，越来越多的彝族民众开始成为了彝族民俗的施教者。因而彝族民俗在对民众思想政治进行教育的过程中，逐渐从受教者发展到了施教者的阶段。

一般来说，彝族民俗思想政治教育活动中主要有两个主体，即受教者和施教者，受教者为被动接受教育内容及活动的主体，施教者为主动传播教育内容和方法的主体。受教和施教是双向互动的关系，两种类型的主体并不是一成不变的，而是随时处于变化的状态中，受教者在某些情况下会成为施教者，施教者在某些情况下也会成为受教者，而区别受教育者与施教者的主要标准则是在教育内容及知识传播的主动性方面。自从彝族先民创造了彝族民俗以来，在历史长河中，彝族民众不仅成为了彝族民俗的创造者，同时还参与到了彝族民俗的创新中，成为了彝族民俗的创新者，而这一过程更是建立在彝族民俗得以在族群内部不断传承的基础上。在彝族民众集体创造产生出彝族民俗之后，创造出彝族民俗的民众便通过各种形式将民俗活动传递给他人，进而达到了世代相传的效果。

彝族民俗主要是靠口耳相传或者言传身教等方面进行传播，一般都是长辈对晚辈通过讲述民俗故事、共同庆祝民俗活动的方式来进行。正因为如此，彝族民众在对民俗及文化的了解过程中主要是依靠被动的方式而进行，是彝族民俗文化的受教者。随着彝族民众对于民俗重要性及民俗内涵理解的加深，尤其是在社会主义市场经济不断发展的浪潮中，独具特色和底蕴深厚的彝族民俗显得尤为珍贵，越来越多的彝族民众开始意识到彝族民俗文化的重要性，并从之前的被动接受民俗活动转变为了主动宣扬民俗活动及文化的使者。特别是在科技迅猛发展的今天，彝族民俗的传承和传播也不仅仅只是局限于原有的口耳相传或者言传身教等方式，网络平台、视频、电视等各种新媒体为彝族民俗的传播搭建了较好的平台，越来越多的彝族民众也从之前的受教者转变成施教者，通过现代媒体的各种方式主动去宣扬彝族民俗活动及文化，从而完成了从受教者到施教者的转变。由此，彝族民俗在对民众思想政治进行教育的过程中，逐渐从受教者发展到了施教者的阶段。

总体上来说，彝族民众主动对彝族民俗进行施教是通过多种方式共同进行的，例如彝族音乐的推广、彝族文字和文化的推广、彝族文化网站的宣传等。以彝族音乐为例，山鹰组合就是一个典型的例子。山鹰组合为中国内地第一支少数民族原创音乐组合，团队成员由来自四川凉山的三个彝族青年吉克曲布、瓦其依合和沙玛拉且组成，他们的名字也是典型的彝族传统的父子连名制的取法，体现彝族民俗中的文化形式。发布《走出大凉山》专辑后红遍全国大街小巷，他们的歌曲旋律具有彝族特色，歌词中也包含了丰富的彝族神话故事等民俗文化，而且他们的专辑封面也采用彝文和汉字共同出现的方式，传播了彝族的文字民俗。21 世纪之后，一大批彝族歌手不断成长，阿鲁阿卓、吉克隽逸、奥杰阿格、太阳部落、彝人制造等个人和组合在使用彝族母语传唱反映彝族地区时代生活的彝族歌曲，深受人们的欢迎和喜欢。随着网络的普及和传播，网络成为了传播彝族民俗和文化的有效途径。许多热爱彝学的人士或者彝学研究机构在网络上专门成立了《彝人网》《中国彝族网》《彝人论坛》等彝族文化网站，创办者则多为彝族人，其中不乏彝族干部、彝族学者、歌手和民间艺人等等，不仅传播了彝族地区的人文风光，宣传了彝族的民族文化，普通的彝族民众也能够通过网站表达自己的看法，与他人进行思想交流，进而形成了全民都主动宣传彝族民俗，全民都是彝族民俗施教者的局面。[129]

[129] 余湛．火塘．电视．网络–贵州彝族文化传播方式研究［J］．铜仁学院学报，2013（9）：94.

结 语

研究彝族民俗的思想政治教育功能是传承和弘扬传统文化的需要。历史悠久的中华民族创造了博大精深的中华文化，聚着每一个民族每一代人的辛劳和智慧。习近平曾多次强调，中华民族的传统文化是我们共同创造的美好家园，是中华民族的精神命脉，是涵养社会主义核心价值观的重要源泉，也是我们在世界文化激荡中站稳脚跟的坚实根基。作为中华文化组成部分的彝族民俗文化体现了彝族民众看待世界、看待社会、看待人生的思想政治教育价值体系，横贯数千年的深厚历史，别具一格的语言文字，神秘瑰丽的信仰文化，卷帙浩繁的彝文古籍，形式多样的民俗活动等文化元素铸就了彝族的文化基石，与中华文化形成了我中有你、你中有我的文化发展和美格局，彝族民俗文化正伴随中国特色社会主义伟大事业和中华文化创新发展而与时俱进，富有旺盛的生命力。彝族民俗是彝族民众生产生活实践的产物，包含了物质民俗、社会民俗、精神民俗和语言民俗等底蕴深厚的民俗文化样式，渗透于彝族民众古往今来的日常生活中，不仅反映了民众的思维方式、伦理道德、价值观念、行为规范、审美理想等，还融注了彝族的文化精魂，是民族的精神家园和血脉，具有规范调控、激励塑造、教育教化、优化调适功能，与思想政治教育有内在的一致性，在生产生活实践中发挥了思想政治教育的功能价值和作用，形成了对民众开展思想政治教育的内容、方法和路径，是开展思想政治教育的活教材。研究彝族民俗的思想政治教育功能，是积极响应习近平倡导弘扬中华文化、为人们认识和改造世界提供有益启迪、为治国理政提供有益启示、为道德建设提供有益启发的号召，是弘扬民族民俗文化，探索和深化民族思想政治教育的有益尝试。

研究彝族民俗的思想政治教育功能是探索民族思想政治教育新路径的有益尝试。笔者系中国彝族聚居区贵州水西彝族后裔，对本民族有深厚的民族情感，又拥有大量的彝族文献资料和天然的田野资源，深谙彝族从古至今为拥护国家统一、民族团结的民族，系一个讲政治、顾大局、谋发展、重文化的民族，丰富多彩的彝族民族文化蕴含着当代的思想政治教育价值。但通过查阅文献和资料发现，彝族民俗的思想政治教育功能未被学者所关注和研究，于是便基于民俗与思想政治教育的学科交叉视角，从彝族社会历史出发，得出了彝族民俗产生于彝族民众生产生活实践的结论，全面梳理了彝族民俗的类别及其特性，提炼了彝族民俗具有的思想政治教育功能和价值，论述了彝族民俗思想政治教育功能发挥的场域及其主要内容、方法及路径，分析了彝族民俗思想政治教育功能面临社会转型发展的现实境遇和变异，提出了彝族民俗思想政治教育功能优化和开新的浅见，试图为创新思想政治教育提供一个民族民俗思想政治教育的实践借鉴个案。

研究彝族民俗的思想政治教育功能是推进民族思想政治教育创新发展的现实需求。彝族民俗是彝族人的，是为人民大众共享的，在历史变迁的长河中浑然天成地发挥着彝族民俗的思想政治教育功能。传统时期，由于物质生产水平以及科技文化的落后，民俗对民众的生活指导、精神塑造、行为规范、文化认同等方面发挥着教育教化的作用。然而，随着彝族地区社会生产力发展水平的不断提升，尤其是农耕文明的衰落，使得人们更加依赖于工业化生产，更加追求物质经济利益，更加醉心于科技进步所带来的便利生活，传统的民俗文化活动逐渐从物欲化的现代生活中淡出，加之文化教育制度变迁以及“文化唱戏经济搭台”对彝族民俗活动造成的诸多误区，彝族民俗在现代多元文化发展的背景下教育教化功能逐步减弱，难以继续以更好的空间发挥思想政治教育作用。基于此，本文提出优化彝族民俗思想政治教育是十分迫切的现实课题，以社会主义核心价值观为引领，明确彝族民俗思想政治教育功能的发展目标，施行优化彝族民俗思想政治教育功能的策略，有效推进彝族民俗的思想政治教育功能与时俱进、返本开新。但是，本文也认识到仅仅通过以上这些探讨是不够的，彝族民俗思想政治教育功能的优化与开新工作是一项系统工程，仅仅依靠学术上的研究虽然能够为实践上的优化与开新之路提供借鉴和引导，但是学术上的研究也仅能起到参考作用，实际的研究效果应集中在实践操作层面。

研究彝族民俗的思想政治教育功能还需在理论和实践上继续深化。对彝族民俗思想政治教育功能的研究仅仅是一个开始，在今后的研究中应加强两个方面的工作。首先应在学术研究上加强实践工作，这也正是本文需要再深化之处。本书内容更多是从理论上总结梳理彝族民俗的思想政治教育功能，论述该功能发挥的情况，分析了面临的现实境遇，对优化与开新彝族民俗思想政治教育功能进行研究，还需要更多的学者从实践操作上探索优化和开新之路，从实践操作上提供操作方法和技术指导。其次，应聚合更多力量加强彝族民俗的思想政治教育实践工作。彝族民俗是彝族民众集体智慧的结晶，也是中华文化的瑰宝，优化与开新彝族民俗思想政治教育功能不仅是彝族人的责任，更是每个热爱中华文化的公民不可推卸的责任和义务，需要经过系统的规划，理论和实践的科学建构，有步骤、分阶段优化与开新彝族民俗的思想政治教育功能，在推进中华民族伟大复兴的中国梦进程中释放出彝族民俗思想政治教育功能的磅礴之力。

参考文献

经典著作

[1] 马克思，恩格斯．马克思主义经典著作选编［M］．北京：党建读物出版社，2011.

[2] 马克思．资本论（第三卷）［M］．北京：人民出版社，2004.

[3] 列宁．列宁选集（第一卷）［M］．北京：人民出版社，1999.

[4] 马克思．马克思恩格斯选集（第二卷）［M］．北京：人民出版社，2012.

[5] 斯大林．斯大林选集-马克思主义和民族问题（1913 上卷）［M］．北京：人民出版社，1979.

[6] 习近平．决胜全面建成小康社会夺取新时代中国特色社会主义伟大胜利——在中国共产党第十九次全国代表大会上的报告［M］．人民出版社，2017.

[7] 胡锦涛．坚定不移沿着中国特色社会主义道路前进为全面建成小康社会而奋斗［M］．人民出版社，2012.

[8]（英）马林诺夫斯基著，费孝通等译．文化论［M］．北京：中国民间文艺出版社，1987.

[9] 辞海（缩印本）［M］．上海：上海辞书出版社，1999.

著作

[10] 黎翔凤．管子校注（中）［M］．北京：中华书局，2004.

[11] 许慎撰，徐铉校定．说文解字［M］．北京：中华书局，1963 年．

[12] 安济民注译．荀子［M］．郑州：中州古籍出版社，2006.

[13] 周向军，车美萍．马克思主义经典著作精选与导读［M］．济南：山东大学出版社，2006.

[14] 钟敬文主编．民俗学概论（第二版）［M］．北京：高等教育出版社，2013.

[15] 陶立璠．民俗学概论［M］．北京：中央民族学院出版社，1987.

[16] 禄志义主编．乌撒彝族礼俗［M］．贵阳：贵州民俗出版社，2012.

[17] 王昌富．凉山彝族礼俗［M］．成都：四川民族出版社，1994.

[18] 李兴秀编著．贵州西部彝族礼俗研究［M］．贵阳：贵州民族出版社，2009.

[19] 陈万柏，张耀灿．思想政治教育学原理［M］．北京：高等教育出版社，2007.

[20]（美）约瑟夫•奈．美国定能领导世界吗［M］．北京：军事译文出版社，1992.

[21] 葛懋春、李兴芝．胡适哲学思想资料选（上）[M]．上海：华东师范大学出版社，1981.
[22] 高丙中．民俗文化与民俗生活 [M]．北京：中国社会科学出版社，1994.
[23] 贵州省毕节地区地方志编撰委员会点校．大定府志 [M]．北京：中华书局，2000.
[24] 陈英．陈英彝学研究文集 [M]．贵阳：贵州人民出版社，2004.
[25] 王天玺．宇宙源流论 [M]．昆明：云南人民出版社，1999.
[26] 禄文斌．贵州彝学 [M]．北京：民族出版社，2000.
[27] 姊妹彝学研究小组巴莫阿依嬷，巴莫曲布嫫，巴莫乌萨嫫编著．民族文库之十六-彝族风俗志 [M]，北京：中央民族出版社，1992.
[28] 王秀旺著．彝族元文化典论 [M]．北京：民族出版社，2016.
[29] 钟敬文主编．民俗学概论 [M]．上海：上海文艺出版社，2004.
[30] 桂翔．文化交往论 [M]．北京：人民出版社，2011.
[31] 毕节地区彝文翻译组．西南彝志（卷一）[M]．贵阳：贵州民族出版社，1988.
[32] 王明贵．贵州彝族制度文化研究 [M]．北京：民族出版社，2015.
[33] 龙整清．海腮耄启 [M]．贵阳：贵州民族出版社，2010.
[34] 王光荣．彝族民俗风情 [M]．南宁：广西民族出版社，2012.
[35] 乔晓勤编译．危机与选择 [M]．成都：四川人民出版社，1989.
[36] 毕节地区彝文翻译组．彝族源流（9-12 卷）[M]．贵阳：贵州民族出版社，1992.
[37] 彭卫红．彝族审美文化 [M]．北京：中国社会科学出版社，2013.
[38] 热卧摩史著，王运权，王仕举译．西南彝志（一卷）[M]．贵阳：贵州民族出版社，2004.
[39] 毕节地区彝文翻译组．爨文丛刻增订版（上）[M]．成都：四川民族出版社，1986.
[40] 罗国义、陈英译．宇宙人文论 [M]．北京：民族出版社，1984.
[41] 吉格阿加．玛穆特依 [M]．昆明：云南民族出版社，2005.
[42] 王继超，罗世荣．宇宙人文 [M]．贵阳：贵州民族出版社，2016.
[43] 罗世荣，陈宗玉．投确数•祭祀经文篇（上）[M]．贵阳：贵州民族出版社，2015.
[44] 王子国译著．宇宙生化 [M]．贵阳：贵州民族出版社，2016.
[45] 吉格阿加．玛穆特依 [M]．昆明：云南民族出版社，2005.
[46] 罗蓉芝．玛牡特依 [M]．成都：四川民族出版社，2011.
[47] [唐] 举奢哲等．彝族诗文论 [M]．贵阳：贵州人民出版社，1988.
[48] E•杜尔干．宗教社会的初级形式 [M]．中央民族大学出版社，1999.
[49] 中共昭觉县委宣传部．彝族传统道德教育读本 [M]．2007.
[50] 张耀灿、陈万柏．思想政治教育学原理 [M]．北京：高等教育出版社，2001.
[51] 张岱年，方克立．中国文化概论 [M]．北京师范大学出版社，1997.

[52] 彝族指路经丛书编译委员会．彝族指路丛书（贵州卷一）[M]．成都：四川民族出版社，1997.

[53] 费孝通．费孝通民族研究文集 [C]．北京：民族出版社，1988：173.

报纸

[54] 习近平．把培育社会主义核心价值观作为凝魂聚气强基固本的基础工程 [N]．光明日报，2014-02-26（1）．

[55] 中共中央．中共中央关于深化文化体制改革推动社会主义文化大发展大繁荣若干重大问题的决定 [N]．人民日报，2011-10-26（1）．

[56] 习近平．在全国文艺工作座谈会上的讲话 [N]．人民日报，2015-10-15（1）．

[57] 习近平．在哲学社会科学工作座谈会上的讲话 [N]．人民日报，2016-05-18（1）．

[58] 习近平．青年要自觉践行社会主义核心价值观与祖国和人民同行努力创造精彩人生 [N]．人民日报，2014-05-05（1）．

[59] 习近平．建设社会主义文化强国着力提高国家文化软实力 [N]．人民日报，2014-01-01（1）．

[60] 习近平．在中共中央政治局第十三次集体学习时的讲话 [N]．人民日报，2014-02-24（1）．

[61] 习近平．在中共中央政治局第十八次集体学习时的讲话 [N]．人民日报，2014-10-14（1）．

[62] 习近平．在中共中央政治局第十二次集体学习时的讲话 [N]．人民日报，2013-12-30（1）．

[63] 国家中长期教育改革和发展规划纲要（2010-2020年）[N]．人民日报，2010-07-30（13）．

[64] 习近平．在纪念孔子诞辰2565周年国际学术研讨会暨国际儒学联合会第五届会员大会开幕会上的讲话 [N]．光明日报，2014-09-25（2）．

[65] 陈先达．文化自信是对民族生命力的自信 [N]．人民日报，2017-07-25（7）

[66] 习近平．在纪念孔子诞辰2565周年国际学术研讨会暨国际儒学联合会第五届会员大会开幕会上的讲话 [N]．光明日报，2014-09-25（2）．

论文

[67] 安静．民俗文化的德育意蕴 [J]．人民论坛，2018（3）．

[68] 张芙华．民俗与思想道德建设的几点思考 [J]．湖南文理学院院报，2009（1）．

[69] 陈建宪．试论民俗的功能 [J]．民俗研究，1993（2）．

[70] 习近平．让我们的文化软实力硬起来 [J]．瞭望，2014（1）．

[71] 曲洪志．我国传统文化是思想政治教育的重要资源 [J]．《山东社会科学》，2006（4）．

[72] 杜淳．从零和到共赢：民俗与思想政治教育的博弈 [J]．北京：北京社会科学，2015（12）．

[73] 梁利．民俗在教育教学中的借鉴意义 [J]．广西民族师范学院学报，2011）（6）．

[74] 安静．建国以来毕节彝族历史文化概述 [J]．毕节学院学报，2011（2）．

[75] 蒋志聪．彝族独具特色的饮食文化 [J]．西部论丛，2009（5）．

[76] 杜成材．酒与毕节彝族的社会生活［J］．广西民族师范学院学报，2014（2）．
[77] 徐铭．凉山彝族的家支与德古的结构与功能［J］．民族学刊，2017（2）．
[78] 何虑．女性的歌—凉山彝族婚俗音乐的“哭嫁歌”［J］．大众文艺，2011（3）．
[79] 高国镕．彝族婚俗［J］．科技与经济画报，1997（4）．
[80] 王美英．凉山彝族丧葬仪式与表征研究［J］．西南民族大学学报（人文社科版），2016（10）．
[81] 陈世鹏．彝族诗人余家驹和他的美学观［J］．贵州民族研究，1998（2）．
[82] 李光彦．彝族文学浅谈［J］．楚雄师专学报，1986（7）．
[83] 黄龙光．彝族民间歌谣及其歌诗传统［J］．民间文化论坛，2010（8）．
[84] 王明贵．贵州彝族文学的分期、分类及文本存在状况［J］．毕节学院学报，2011（7）．
[85] 马程程．论思想政治教育融入社会生活的作用机理［J］．思想政治教育导刊，2016（3）．
[86] 李卿．论彝族天文历法的独特性与彝汉文化的共同性［J］．毕节学院学报，2006（6）．
[87] 列维•斯持劳斯．历史学和人类学—结构人类学序言［J］．哲学译丛，1976（8）．
[88] 黄龙光．增强民族认同感保持和发展民族文化传统［J］．大理学院学报，2007（1）．
[89] 吴潜涛，冯秀军．弘扬和培育中华民族精神的基本途径［J］．北京大学学报（哲学社会科学版），2006（5）．
[90] 南海．对人与自然的关系和人与人的关系的哲学思考［J］．科学技术与辩证法，2002（6）．
[91] 谢成海．环境危机反思：重估人与自然的关系［J］．浙江社会科学，2001（2）．
[92] 方熹，沈旸．对规范教育与德性教育相整合的思考［J］．学校党建与思想教育，2016（9）．
[93] 陈世鹏．彝族诗余家驹和他的美学观［J］．贵州民族研究，1998（2）．
[94] 李秀娟．传统道德文化现代践行的榜样示范［J］．中南大学学报（社会科学版），2012（2）．
[95] 张德元．凉山彝族家支制度论要［J］．贵州民族研究，2003（4）．
[96] 傅维利．论教育中的惩罚［J］．教育研究，2007（10）．
[97] 马菁，任晓峰．浅析环境对人们行为的影响-外界条件对行人的影响［J］．华北水利水电学院学报（社科版），2004（4）．
[98] 胡凯．礼仪教育：增强德育实效性的必要环节［J］．现代教育科学，2006（1）．
[99] 黄瑾．浅谈彝族的服饰与民族心理［J］．中共成都市委党校党报，2005（12）．
[100] 刘正发．凉山彝族家支文化特性初探［J］．中央民族大学学报（哲学社会科学版），2008（4）．
[101] 安静．民俗文化的思想政治教育价值［J］．理论与当代，2017（6）．
[102] 李辉．大学生思想政治教育与环境的作用［J］．高校理论战线，2005（7）．
[103] 张亚龙，张娟．论思想政治教育环境的作用机制［J］．南通大学学报（教育科学版），2009（2）．
[104] 骆郁廷．自发与自觉：思想政治教育的政治范畴［J］．思想政治研究，2007（5）．

[105] 余湛．火塘．电视．网络–贵州彝族文化传播方式研究［J］．铜仁学院学报，2013（9）．
[106] 余达忠．农耕社会与原生态文化的特征［J］．农业考古，2010（8）．
[107] 吴承明．什么是自然经济［J］．经济研究，1983（9）．
[108] 安静．黔西北彝族非物质文化保护管窥［J］．贵州民族研究，2010（1）．
[109] 周长春．论教育创新与民族文化的关系［J］．信阳师范学院学报（哲学社会科学版），2008（5）．
[110] 陈淑英，罗洪铁．思想政治教育机制及相关概念辨析［J］．思想理论教育导刊，2012（2）．
[111] 黄洪雷．影响思想政治教育效果的体制性因素［J］．安徽理工大学学报（社会科学版），2006（3）．
[112] 安静．建国以来毕节彝族历史文化概述［J］．毕节学院学报，2011（2）．
[113] 阿侯索格．基督教传入后彝族心理习俗的变异［J］．赫章彝学，2014（7）．
[114] 陈晓华．池州市边缘化的空间特征及其影响和形成机制研究［J］．池州师专学报，2003（3）．
[115] 焦胜，郑志明，徐峰等．传统村落分布的“边缘化”特征–以湖南省为例［J］．地理研究，2016（8）．
[116] 张祥浩，石开斌．中国传统文化与思想政治教育的创新［J］．东南大学学报（哲学社会科学版），2008（9）．
[117] 贺才乐．思想政治教育载体的形态及其特点［J］．理论与改革，2003（6）．
[118] 安静．以核心价值观引领民俗文化传承创新［J］．人民论坛，2017（12）．
[119] 诸建焕．依托民俗文化引领立德树人［J］．当代教研论丛，2017（05）．
[120] 贾钢涛．论以传统文化为载体的高校思想政治理论课程体系构建［J］，学校党建与思想教育，2011（7）．
[121] 王沛，胡发稳．民族文化认同：内涵与结构［J］．上海师范大学学报（哲学社会科学版），2011（1）．
[122] 王希恩．民族认同发生论［J］．内蒙古社会科学（汉文版），1995（5）．
[123] 李江源，王蜜．道德：教育制度规范合理运作的前提［J］．湖南师范大学教育科学学报，2008（1）．
[124] 杨业华，程幼金．试论家庭环境对思想政治工作的影响［J］．中共济南市委党校学报，2002（9）．
[125] 夏周青，蔡晓玲．民俗文化多元性和兼容性及其在和谐社会建设中的作用［J］．中共贵州省委党校学报，2009.
[126] 白萍．浅论多民族国家中民族与国家的关系问题［J］．黑龙江民族丛刊，2010（3）．
[127] 周艳红，刘仓．从费孝通的“文化自觉”到习近平的“文化自信”［J］．广西社会科学，2016

(9).

[128] 马宝娟，梁美琪. 文化自信融入思想政治教育的路径探析 [J]. 辽宁师范大学学报（社会科学版），2018（1）.

硕博论文

[129] 周青民. 东北现代文学与民俗文化 [D]. 长春：吉林大学文学院，2015.

[130] 田珺. 论湘西少数民族优良民俗的思想政治教育功能 [D]. 长沙：中南大学马克思主义学院，2010.

[131] 夏静. 内蒙古优秀民俗的思想政治教育功能 [D]. 天津：天津大学马克思主义学院，2016.

[132] 王香灵. 论思想政治教育与社会生活的融合 [D]. 山东：山东师范大学马克思主学院，2007.

[133] 王亚鹏. 藏族大学生的民族认同、文化适应与心理疏离感 [D]. 兰州：西北师范大学，2002.

[134] 王秀英. 人生教育的创新性研究 [D]. 西安：陕西师范大学马克思主义学院，2010.

[135] 安静. 黔西北彝族民间歌谣研究 [D]. 济南：山东大学文史哲研究院，2011.

后　记

民俗活动本身即为思想政治教育活动之一，彝族民俗丰富的思想政治教育功能如何与时俱进、创新发展是本书立论之基。

子在川上曰："逝者如斯夫，不舍昼夜"。本书呈现于眼前时，读博岁月恍如昨日，八载春秋已如白驹过隙。曾仰博士之名、迷博士之学，临近本书完成，方体悟博士之辛，陡增无限感激、感谢、感恩之情。

本书的完成系中国矿业大学（北京）马克思主义学院桂翔教授悉心指导之果。我爱我师，更爱我师的真理、真情、真性。我的导师桂翔教授为我打开了哲学的窗户，带我遨游于中西方哲学的汪洋，开启我对马克思主义理论学科的新思维，激发了我对思想政治教育专业的无限执爱。桂老师给了我一个空瓶子，希望我在瓶里添加内容，老师叮嘱我一生吃一个研究方向的学术饭，希冀我辈是其思想智慧和生命的延续。学习期间桂老师亦师亦友的关照和关心不计其数、难以言表，桂老师的教诲知行合一重于理论传道、授我与渔重于授我与鱼、创新思维重于知识传授、立德树人重于专业为学。结缘并求学于桂老师是我人生之幸事，老师丰浩的生活情商、高尚的人格魅力、笃厚的学术涵养、谦逊的处世之道沐浴我终身，唯有坚守老师的学术精神，秉承老师的为人风骨和处世情怀，励志前行，才能表达我内心的那份感激之情。

君子性非异也，善假于物也。要感谢教育部搭建的中国矿业大学（北京）对口支援我所工作的贵州工程应用技术学院战略发展平台，感谢我工作单位领导和同事的分担并倾力了却我工作的后顾之忧。更要感谢中国矿业大学（北京）的校领导和马克思主义学院田霞院长和李妍书记的关怀与帮助，让我在不惑之年有幸再次步入大学的圣殿，得圆博士梦想。

春蚕到死丝方尽，蜡炬成灰泪始干。感谢为我倾力讲授专业课的陈勇、苏杭等教授和英语课的老师们，你们的精彩讲授和悉心指导对我顺利完成学业不可或缺，还要感谢马克思主义学院的盖逸馨院长和郑宏等老师，感谢你们为我学习提供的帮助与支持。

滴水之恩，唯涌泉相报。感谢盲评专家和答辩委员会专家辛勤的审阅、无私 的指教，专家们宝贵的意见润泽臻善了本书的内涵。感谢同窗挚友赵翔、宋镠洋、刘海芳、赵彦璞、陈晓晨、高来举、王琳、丁帅、张宏达、吕毅等的关照和深情厚谊，“15 级思政一家亲”家庭成员让我收获了友谊和欢声笑语，使我在清苦的博士求学路上不再孤独，各位同学亦在我繁忙的工作中支持和解决了我学习上的诸多困难。同时，对为本书的前期写作提供资料帮助的朋友万颖颖表示感谢！

哀哀父母，生我劬劳；拳拳妻女，励我前行。最要感谢的是我父母和妻女，是你们让我在艰辛的求学之路上时刻感受到家的慰藉与温暖。我父母的嘘寒问暖和对我未尽孝道的宽容及理解，妻子石柳江的含辛持家和努力工作，大女儿安玉琪在天津外国语大学勤奋耕读的拼劲，二儿女儿安靖姝的聪颖乖巧，宽慰和鼓舞我奋发韬砺，无畏前行。

站在一代又一代学术巨人的肩上前行，一切只能化为一句简单而深沉的感谢。在书稿的进一步修改和出版过程中，西昌幼儿师范高等专科学校副校长马辉教授、贵州工程应用技术学院彝学研究院张德华博士倾力校对并补充了鲜活案列，彝学专家马昌达先生为本书提供了相关彝学支撑资料，贵州工程应用技术学院彝学研究院长王明贵研究员亲自为本书作序，贵州工程应用技术学院彝学研究院姜枫老师设计了本书封面，贵州工程应用技术学院校级重点学科民族学（彝学）和贵州工程应用技术学院彝学创新团队支持出版，贵州省哲学社会科学创新团队建设计划和育部人文社会科学重点研究及基地西南大学西南民族教育与心理研究中心对本成果给予共建指导，线装书局的编辑李琳老师为本书的出版付出了辛苦劳动。再次，对给予本书出版的单位和个人一并致谢！本书囿于时间和水平，尚存疏漏舛误和探讨的空间，以期得到读者的指教！

作 者

2024 年春贵州毕节流仓河畔